中公新書 2461

服部英雄著

蒙古襲来と神風

中世の対外戦争の真実

中央公論新社刊

はじめに

太平洋戦争が終わるまでは、大人も子どもも「神風《かみかぜ》」を信じていた。嵐による蒙古《もうこ》襲来（元寇《げんこう》）での勝利である。無謀な戦争を、無批判に国民が支持しつづけた背景の一つに、この不敗神話があった。戦争最優先の全体主義国家はあらゆる批判を許さなかったとはいえ、国民も戦争を終わらせようとは考えず、努力も行動もしなかった。

国家の歴史認識の原点に「神風」があった。両度の蒙古襲来、すなわち文永《ぶんえい》の役《えき》（文永戦争）、弘安《こうあん》の役（弘安戦争）での敵国退散・防戦勝利に、「神風」なる摩訶不思議《まかふしぎ》な言葉が賦《ふ》与《よ》され、その後、日本の宗教家・思想家・歴史家が、日本は神の国であるという大前提のもと、神風史観を順次形成していった。神風史観・神風思想は近代日本の動静に大きな影響を与えた。なぜ国民はこのような非科学的な歴史観を受容したのだろうか。徹底的な検証を加える必要がある。

神風史観によって、蒙古襲来は以下のように解釈された。

神風によって、蒙古が退散した。つまり、二度ともに神風が吹いて、元寇は決着がつく。

文永の役では敵は一日で引き返し、弘安の役では嵐によって、肥前鷹島《ひぜんたかしま》に集結していた敵船が沈み、全滅した。

今でもこのように書いている教科書は複数あって、文部科学省の教科書検定を堂々と通過している。検定を通過する理由は、辞典や一般書にも書いてある通説だから、とのことである。たしかに歴史家の多くも、この「通説」を信じていて、幾度となく刊行されてきた「蒙古襲来」についての一般向けの諸著作・概説書でも、アカデミズム側の人物、つまり「学者」多数が、そのように書いてきた。しかしその根拠は、つきつめると存在しないものだった。本書はこの誤りを正していく。学校教育を通じて、多くの人が信じてきた蒙古襲来像は、虚像、偶像なのだ。

神風史観によれば、必ず嵐（神風）がやってくる。そして決着がつく。ところが事実はさまざまに違う。文永の役についていえば、一日で敵が帰国した原因とされる嵐はその日、つまり赤坂鳥飼《あかさかとりかい》合戦があった文永十一年（一二七四）十月二十日夜には吹いてはいない。一夜で逃げ帰った、九州本土では二十日の戦闘のみだった、と記す史料は『八幡愚童訓《はちまんぐどうくん》』なのだが、そこには嵐（台風）が原因とは書いていない。では、なぜ帰ったのか。「神の戦い」があったからだと説明している。筥崎宮《はこざきぐう》（神社の名称としては筥崎、地名としては箱崎が一般的）が蹂躙《じゅうりん》され、怒った八幡神《はちまんしん》が、夜中に白衣で蒙古に矢を射かけてきた。パニックになった蒙古兵は、箱崎の町を燃やす火が海に映る（反射している）のを見て、海が燃えだしたと勘違いし、このままでは船が燃えてしまうと慌てふためいて逃げ出した。社殿を焼かれて怒った神が追い返すのだから、その夜のうちに、一日で追い返さなければならなかった。神威なのだから何日も後では困るのだ。ここでは嵐さえも登場しない。武士はさっさと逃げ出しており、戦ったのは神だけである。荒唐無稽なこの物語のほかに、一日で帰ったと記すものはない。

つづく弘安の役では、たしかに台風が来たし、じっさいに鷹島沖に船は沈んでいる。蒙古は手痛い打撃を受けて不利になった。ただし鷹島に碇泊《ていはく》していたのは全軍ではなく、旧南宋《なんそう》軍（江南《こうなん》軍。蛮軍ともいう）であった。朝鮮半島の高麗《こうらい》を中心とする先遣部隊（東路《とうろ》軍）は、筑前国《ちくぜんのくに》志賀島《しかのしま》、つまり大宰府《だざいふ》間近の博多《はかた》湾にいた。台風通過は弘安四年（一二八一）閏《うるう》七月一日。その四日後の七月五日に博多湾・志賀島沖海戦、さらに二日後の七月七日に鷹島沖海戦があり、ともに日本が勝利した。嵐・台風が決着をつけたわけではなく、その後にも合戦は継続されていた。二つの海戦の結果、戦争継続は困難と判断した蒙古軍は、江南軍・東路軍ともに、鷹島・志賀島からの退却を決めた。

船が沈む理由は、多くは、老朽船に過剰に荷を積んだ場合とされている。近年、鷹島沿岸の海中で発見された蒙古沈没船は、まさしくそれに該当していた。江南軍には、兵船（中型）のみならず商船（大型）転用の老朽船が含まれていたらしく、ほとんどの板に釘《くぎ》が大量に打たれていた。さらに過剰積載があった。鷹島沈没船の船体には大量の石あるいは磚《せん》（煉《れん》瓦《が》）が積まれていた。帆柱使用時の安定性のために積むバラスト用の石・磚、つまり重しである。一見すれば、沈むもやむなし、と納得してしまうほどの石の量であった。喫水《きっすい》（船が水に浮かんでいる時の、船の最下面から水面までの距離）は深くなるし、石がごろごろしていては、いったん浸水が始まると、かきだすことは困難だった。老朽船に加え、バラストの過剰積載船が沈んだのである。

のちになって「神風」とされた大型台風は、日本の船も沈めている。九州・本州を横断していったから、田畠《たはた》にも人家・山林・港にも、甚大な被害を与えた。怨嗟《えんさ》の嵐であって、それを当時の日本人が神風と呼ぶことはぜったいになかった。

中国（当時は元《げん》）や高麗に戻った将兵は、戦略ミスではなく嵐のために帰国したとして、敗戦の責任を逃れようとした。大風雨被害は確かにあったが、より強調・誇張されていった。

さて、クビライはなぜ日本を攻略したのか。第一次東征、すなわち文永の役段階で、クビライにとっての至上課題は、宋の打倒である。三〇〇年もの長きにわたって、中華帝国の主として君臨し続けた漢民族の国家・宋（南宋）を打倒し、自らのモンゴル民族の国家＝元をアジア（世界）の盟主とすることが目標であった。

ところが、敵国たる宋を支援し続ける国が日本だった。日本と宋の友好関係（通商関係）もまた三〇〇年に及んでいた。クビライは日本と南宋の同盟関係を認識していて、準備さえ整えば「或《ある》いは南宋、或いは日本」に出兵する、と、宋と日本を討つとしばしば発言している。日本は、宋以外の国は戎夷《じゅうい》（野蛮国・非文明国）としか認識できなかったし、三〇〇年も親交の続いた国が滅びるなどとは想定できなかった。元については宋から帰国した僧侶からの情報が主で、ほかは高麗経由で得る情報しかなかった。

軍事に関わる輸出品として重要なものが硫黄《いおう》である。中国・宋はすでに一〇〇年前、西夏《せいか》（中国北西部にチベット系のタングート族が建てた国）との戦いで火薬を使用している。兵器である火薬は硝石・硫黄・木炭から作る。火山のない中国では硫黄の産出はほとんどないが、火山列島である日本、特に九州には硫黄が豊富だった。日本は宋に火薬材料の硫黄を輸出し続けた。硫黄は軍需物資だから、その供給はぜったいに阻止せねばならない。クビライが宋を打倒するためには、まず日本を制圧し、支配下に置いて、硫黄つまり火薬を敵から奪う必要があった。

蒙古襲来はこのような国際関係のなかに始まった。合戦推移の真相を読み解く史料は、日本・中国・韓国（朝鮮）に多く残されている。それらを総合的に読み解くことが要求されよう。本書では前半にその作業を行うが、後半での素材は絵巻物である『蒙古襲来絵詞《えことば》』となる。合戦に参加した御家人竹崎季長《たけざきすえなが》が、みずから指揮して絵師に描かせた絵巻である。絵詞すなわち絵と詞書《ことばがき》からなる。合戦に参加した当事者による絵画史料だから、これにまさる史料はないし、これほどに良質な十四世紀の史料が残されたことは世界的にも例がない。しかるにこれまでの歴史研究がすべてを正しく読解してきたとは決していえない。むしろ逆である。絵巻には帰属位置不明の断簡《だんかん》、つまり前後の接続関係がわからず、迷子になったままの断簡がいくつかあった。巻末に一括されている。これを正しい位置に戻す。その結果、これまで不明であった六月初めの博多湾海上合戦、志賀島潜入偵察などの詳細を明らかにできる。

『蒙古襲来絵詞』には台風（神風）のシーンはまったく描かれていない。多くの武士にとっては、台風（神風）なぞは関係がなかった。季長はこの絵巻にて、武士としての技量・力量を遺憾なく発揮しているが、つねに生命の危険にもさらされていた。文永の役では、なんと敵兵の左目に自らの矢を中《あ》てている。きわだった弓の技量だった。しかし新たに現れた三人の敵兵に、わずか一馬身の距離から狙撃《そげき》されている。瞬時の逆転で、絶体絶命だったはずである。

弘安の役でも、能古島《のこのしま》沖海戦、また志賀島潜入と、つねに勇敢に戦い、行動したものの、危機の連続、それを辛うじて切り抜けた。台風後の閏七月五日の合戦には、季長は首級二という、二度の戦いで最も大きな手柄を立てているけれど、それでも決して圧勝ではなかった。彼の腕には矢も中《あた》っている。回転しながら刺さる、何寸もある矢尻《やじり》は、肉をえぐる。重傷であった。その季長の絶体絶命の窮地を救ったのは、友軍の思いもよらぬ奇抜な攻撃である。臭すぎて鼻をつまんでもダメ、目もヒリヒリして開けられない。糞尿投擲《とうてき》作戦だった。

『蒙古襲来絵詞』には何が描かれているのか。本書では、これまでの研究者が誰も指摘してこなかった、新しい読み方を示す。読者はきっと本書の読み方に納得されるであろう。

以上、本書での蒙古襲来像・『蒙古襲来絵詞』分析の概要・骨子をガイダンスとしてあらかじめ示してみた。以下、詳細に具体的に述べていく。

なお本書が批判の対象とする通説（神風史観）は、東京帝国大学教授であった東洋史家の池内宏《いけうちひろし》『元寇の新研究』（一九三一年）に代表される。一〇〇年近くにわたって、アカデミズムの場でも教育の場でも君臨してきた。池内宏に批判的であった同時代の歴史学者に中山《なかやま》平次郎《へいじろう》（九州帝国大学医学部教授）がいる。本書は中山の指摘に大きな示唆を受けており、中山視点を継承しつつ、飛躍的に発展させる。

また『蒙古襲来絵詞』についても多数の研究があるので、そちらは必要に応じて言及、紹介したい。

蒙古襲来と神風　目次

『蒙古襲来絵詞』　宮内庁三の丸尚蔵館所蔵

伊	豆	静岡
駿	河	
遠	江	
三	河	愛知
尾	張	
美	濃	岐阜
飛	騨	
信	濃	長野
甲	斐	山梨
越	後	新潟
佐	渡	
越	中	富山
能	登	石川
加	賀	
越	前	福井
若	狭	

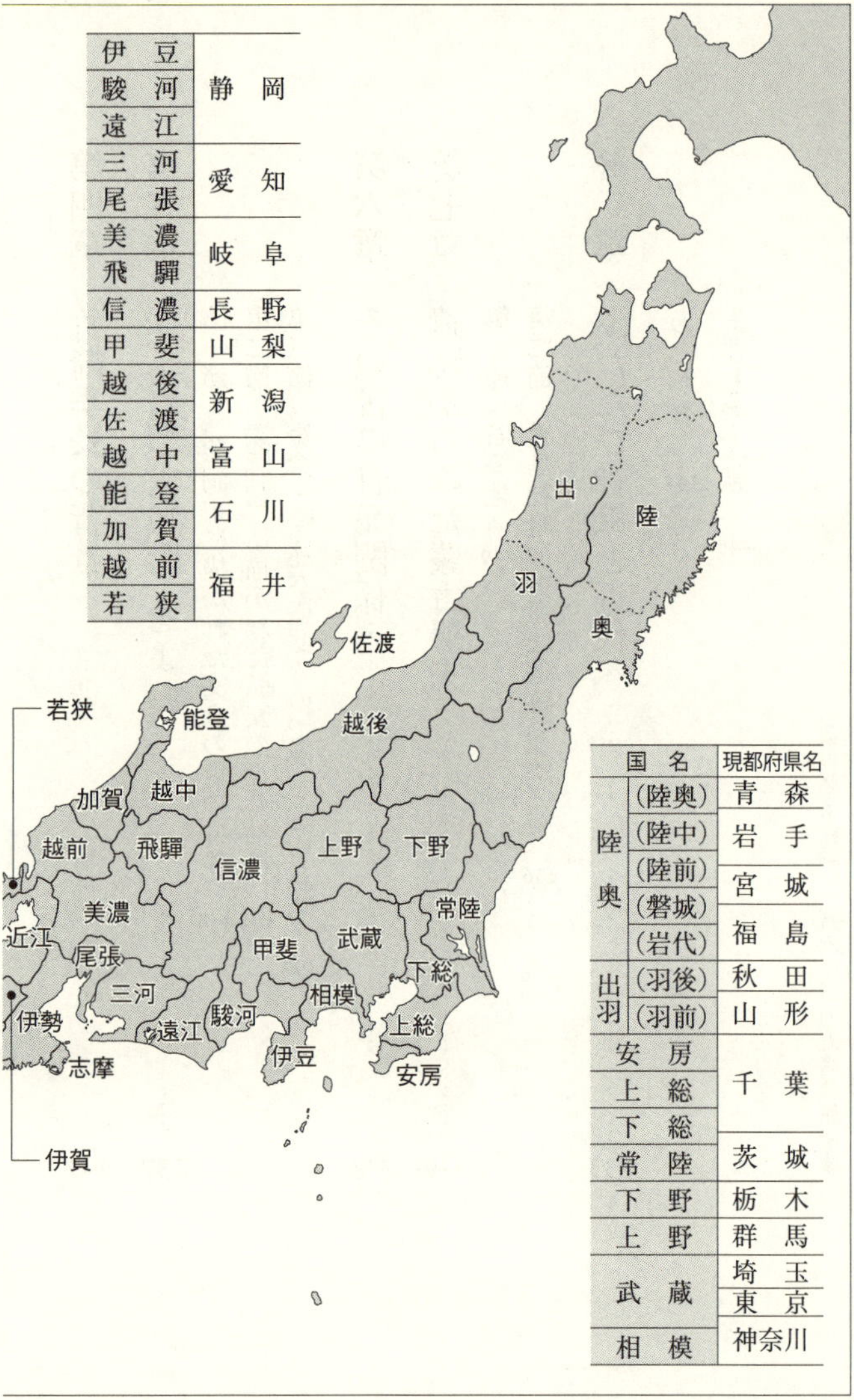

国名		現都府県名
陸奥	(陸奥)	青森
	(陸中)	岩手
	(陸前)	宮城
	(磐城)	福島
	(岩代)	
出羽	(羽後)	秋田
	(羽前)	山形
安房		千葉
上総		
下総		
常陸		茨城
下野		栃木
上野		群馬
武蔵		埼玉
		東京
		神奈川
相模		

筑前	福岡
筑後	
豊前	
豊後	大分
日向	宮崎
大隅	鹿児島
薩摩	
肥後	熊本
肥前	佐賀
壱岐	長崎
対馬	

阿波	徳島
土佐	高知
伊予	愛媛
讃岐	香川
備前	岡山
美作	
備中	
備後	広島
安芸	
周防	山口
長門	
石見	島根
出雲	
隠岐	
伯耆	鳥取
因幡	

近江	滋賀
山城	京都
丹後	
丹波	兵庫
但馬	
播磨	
淡路	
摂津	大阪
和泉	
河内	
大和	奈良
伊賀	三重
伊勢	
志摩	
紀伊	和歌山

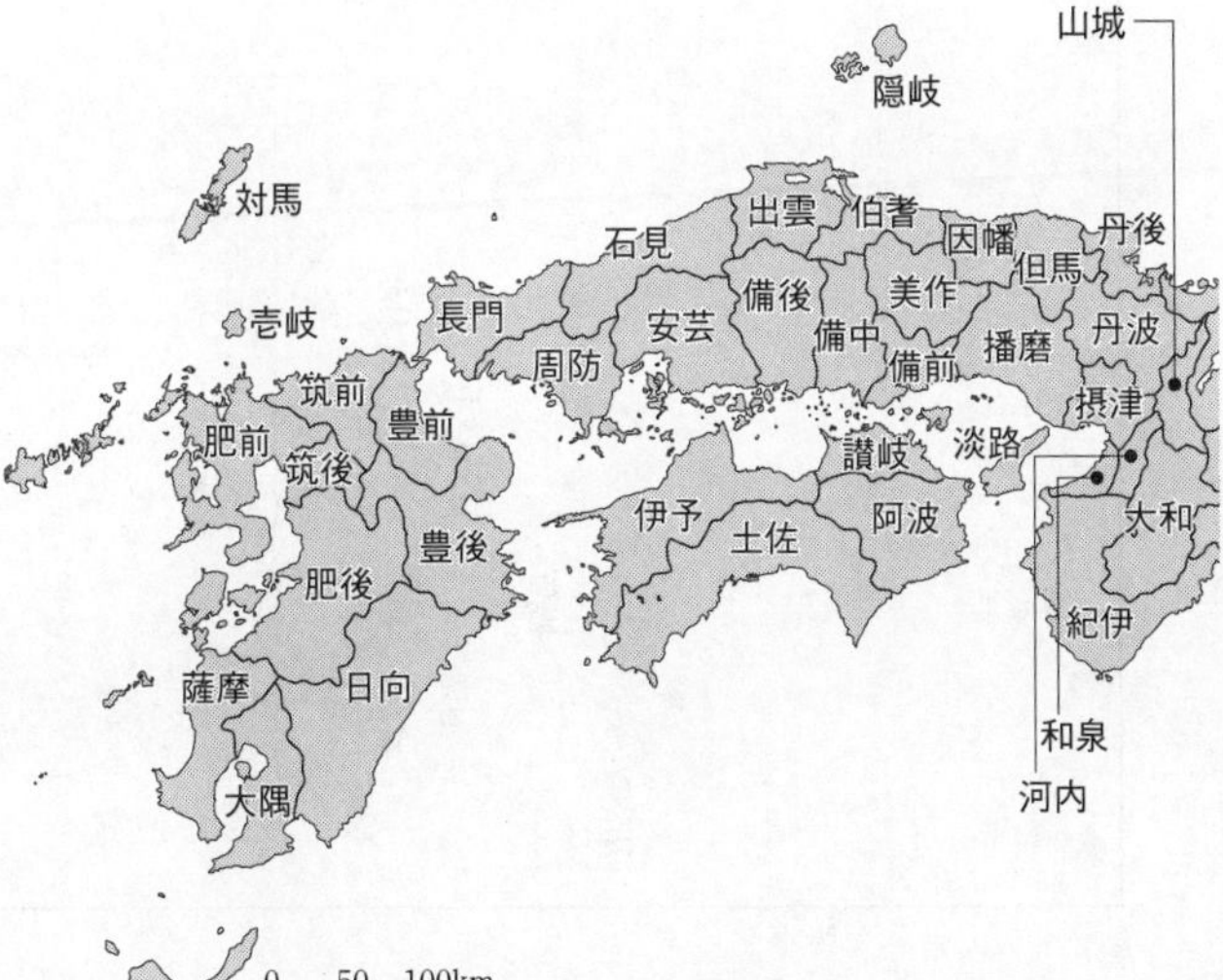

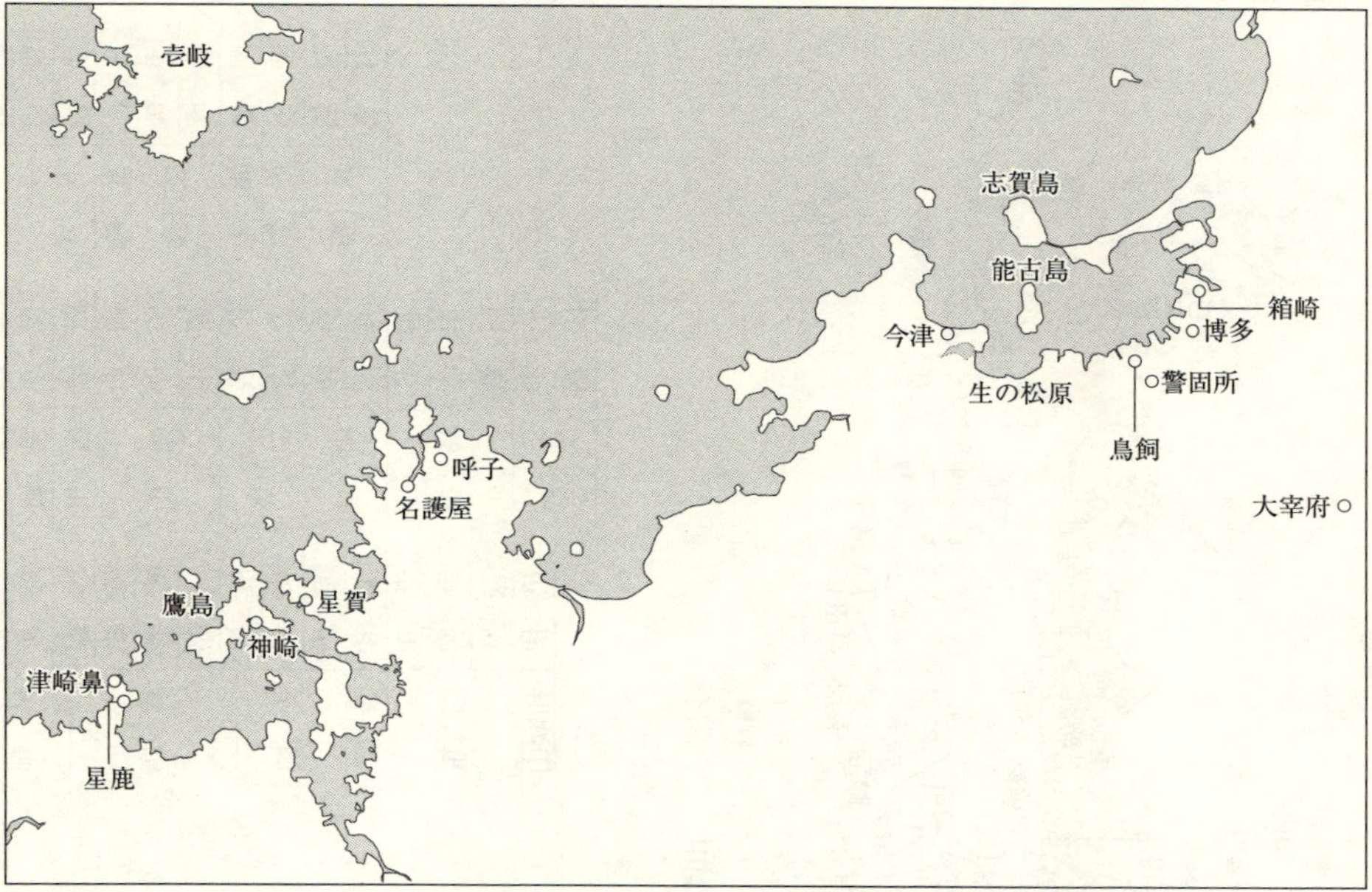
壱岐
志賀島
能古島
箱崎
今津
博多
生の松原
警固所
鳥飼
呼子
名護屋
大宰府
鷹島
星賀
神崎
津崎鼻
星鹿

蒙古襲来と神風

序章　神風と近代史

わたしが住んでいた福岡市には市歌がある。元寇六五〇年に当たる昭和六年（一九三一）に制定されたものだ。いまでも唯一の市歌のままのはずだが、一五〇万市民の中に歌える人はほとんどいない。

元寇十万　屠《ほふ》りしところ
歴史は千代の　ふかみどり　松原かけて
いさおしの　ほまれぞ　かをる
おゝ　漲《みなぎ》らふ
西日本の力なる

福岡　福岡　とどろく都

楽譜は『福岡市史』昭和編にある。中山晋平《なかやましんぺい》による勇壮な曲で、心地よくリズミカルで行進曲にもなりそうである。一番の冒頭に、福岡が元寇＝蒙古襲来の勝利地、古戦場であったことが強調される。「屠りし」はいかにも今の時代には合わない。

元寇の歌はほかにもいくつかあって、明治二十五年（一八九二）、永井建子《ながいけんし》作詞・作曲の

四百余州《しひゃくよしゅう》を挙《こぞ》る十万余騎の敵　国難ここに見る　弘安四年夏の頃

に始まる「元寇」が著名で、歌える人は多い。やはりリズムがよい。大学応援団は今でも歌う。ほかにも

元軍十万、元軍十万　海を覆いて　博多の津
やたけびの音　鬨《とき》の声　天に轟《とどろ》き　地に響く

に始まる歌もあった。

このように、蒙古襲来とその撃退は広く喧伝《けんでん》された。神風思想が民衆レベルに浸透するのがいつなのかははっきりしないけれど、幕末期、鎖国日本の周囲に異国船が現れる頃にはかなり流布していたようで、『神風遺談《しんぷういだん》』のような書物が刊行されている（安政三年〈一八五六〉刊、菊池寛三郎《きくちかんざぶろう》編）。

山口県萩《はぎ》市にある明倫館《めいりんかん》の幕末ミュージアム（小川《おがわ》コレクション）で「安政四年之五月、北条時宗《ほうじょうときむね》蒙古之賊船を悉《ことごと》く打ち破る図」なる版画をみた。蒙古船とあるが、描かれるのは黒船（蒸気船）である。攻め込む側は竹崎季長や宮原三郎《みやはらさぶろう》を始め、『蒙古襲来絵詞』に登場する人物たち。ペリーの黒船来航は嘉永《かえい》六年（一八五三）であるから、その三、四年後の風潮である。攘夷《じょうい》思想の高揚とともに「元寇」がよみがえる。

そして、太平洋戦争に突入する頃、いや、終戦まぎわになっても、日本人の多くが、必ず神風が吹いて日本は勝つと信じていた。少なくとも子どもは、そう教え込まれ、信じていた。

福岡空襲を扱った「火の雨がふる」というアニメがある。東京空襲で身寄りをなくし親戚を頼ってきた少女と博多の少年、初めはぎこちなかったが次第にうちとける。福岡空襲のなかを二人は逃げおおせたのだが、火の中から聞こえる子どもの泣き声に少女は走り出す。そして戻ってこなかった。少年は教師に叫ぶ。

「なして、なして神風は吹かんと。先生、神風が吹くってウソやったとか」

私たちの先輩にも「ちっとも神風は吹かんなぁ」と思ったという人はかなりいる。子どもだけではないらしく、学徒兵として千葉県の九十九里浜《くじゅうくりはま》陣地構築に当たられた五味克夫《ごみよしお》先生（鹿児島大学名誉教授）によると、聯隊長《れんたいちょう》が「かならず神風は吹く」と訓話したそうである。五味先生自身は「本気かな」との感想を持たれたという。

神風といえば神風《しんぷう》特攻隊が想起される。沖縄戦を最大として多数の特攻機が出発した。帰らざる出撃者は計四〇〇〇人とされている。一〇機ほどで編隊を組む。操縦席に予科練出身の十代の若者、あるいは学徒兵の二十歳前後の若者が乗り、編隊中には通信兵も搭乗する。編隊中一機でも突入できれば成功だった。出撃する兵士の数に比べて、命中率が高いとはいえない。鹿児島県・海軍鹿屋《かのや》基地で通信兵として電信傍受に当たった永原慶二《ながはらけいじ》先生（一橋大学名誉教授）は、出撃直後に、「敵機ニ遭遇セリ」を意味する暗号打電が聞こえたが、全文打たれる前に途切れてしまう。上空で待機する米軍戦闘機グラマンにことごとく落とされた、と語っておられた。

なお太平洋戦争中に、二つの台風がアメリカ機動部隊に被害を与えている。一九四四年一二月十八日のコブラ台風と一九四五年六月四日のヴァイパー台風である。この二つはハルゼー艦隊を襲った台風だから、ハルゼー台風ともよばれ、その名の図書、またYoutube《ユーチューブ》に動画がある。前者ではフィリピン海域で駆逐艦三隻《せき》が沈没、一九隻が損傷、一〇〇機以上の航空機を失った。後者では沖縄・九州海域で艦船三六隻が損傷、航空機一四二機を失った。空母は傾き使用不能となり、飛行機も落下して甚大な損害が出たけれど、戦争の趨勢《すうせい》を左右することはなかった。当時の日本はすでにこの地域に有効な兵力も情報網もなかったから、事件を知ることすらなく、神風が吹いたと宣伝することもなかった。

第一章　日宋貿易とクビライの構想

なぜクビライ率いる元が二度も日本に攻めてきたのか。それを考えたい。はじめに当時の日本と中国大陸の状況を貿易から考えてみる。

日宋貿易

貿易の対象になるものは、自国では入手できず、外国からしか入手できないものである。自国では常に不足しているものも含まれる。日宋貿易における宋から日本への輸出品は、銅銭、陶磁器、医薬品などであった。当時、銭は日本では生産されていなかったし、陶磁器のうち超高温で焼く磁器は、日本に焼く技術がなかった。

なぜ日本では銭貨を鋳造しなかったのか。それは中国から輸入した方が、日本で鋳造するよりも安上がりだったからである。日中での銭の価値を比較しよう。中国と日本の間には銭一枚で買える米の量にちがいがあった。中国江南（長江以南の地域）の米価は一升が二〇文から三〇文であった。いっぽう、日本では一升一〇文であった。日本での銭一枚の方が、はるかに価値が高かった。さらに日中間の度量衡《どりょうこう》（計量の単位）のちがいもあって、一升（現在の中国では一升は一リットル、日本では一・八リットル）は宋の時代には〇・六六リットル、日本では一・〇八リットルであった。日本の方が同じ一升でも一・六倍の量があった。だから、銭一枚は日本の方がおおむね三倍とか四倍の高い価値があったことになる。銭の力が強くなるのである。銭は運ぶだけで利潤があった。

仮に一銭を中国では五〇円、日本では一五〇円の価値だったとしよう。日本では一銭を作るのに五〇円以上の経費が必要だったようで、輸入した方が経済的であった。

宋から日本へ銭を運んでモノに替える。原価をさし引いても、三倍ほどになった。次に買ったモノを宋に持ち帰れば、また何倍にもなる。運ぶ銭が多量であればあるほど、莫大《ばくだい》な利益が上がった。

日本の筑前箱崎に向かっていた船が高麗の新安《しんあん》沖に沈没した。遺物には至治《しち》三年（一三二三、至治は元の年号）銘のある木簡《もっかん》があった。その船に積載されていた銭は、二八トン、八〇〇万枚相当だった。さきのように一銭を中国で五〇円、日本では一五〇円だったと考えると、八〇〇万枚あれば、中国では四億円、日本では一二億円である。原価を差し引いた分の利益は八億円になる計算か。

唐　房

日宋貿易は非常に盛んで、頻繁に船が往復した。九州最大の都市、大宰府の外港であった博多湾岸には、平安時代から鎌倉時代にかけて、多々良川《たたらがわ》河口の箱崎、那珂川《なかがわ》・御笠川《みかさがわ》河口の博多、樋井川《ひいかわ》河口の鳥飼、室見川《むろみがわ》河口の姪浜《めいのはま》、瑞梅寺川《ずいばいじがわ》河口の今津《いまづ》に、とすべての流入河川の河口干潟《ひがた》に面して、宋人街（いわばチャイナタウン）である唐房《とうぼう》が形成され、そこには渡宋僧や渡来してきた宋人僧によって寺院も建立され、日常会話が中国語である社会があった。

このうち箱崎、博多、鳥飼には宋人に関わる文献が残り、今津および姪浜にはトウボウという地名が残る。中国人街・居留地である唐房・唐坊があったことを地名が語っている。九州・山口の東シナ海から日本海岸にかけてもトウボウという地名が多く残る。地名としては当方とか、東望とか、さまざまに表記されてはいるが、その唐房（唐坊）地名の近くには、宋人文化の存在を示す遺品が出土する。たとえば宋風獅子《そうふうしし》や、「薩摩塔《さつまとう》」と呼ばれてきた武神像をともなう変形石塔などがそれで、多くは中国浙江《せっこう》省産出の梅園石《ばいえんせき》（寧波《ニンポー》郊外の梅園で切り出される石材。凝灰岩）を使用する。また中国陶磁器を出土する遺跡があったりする。トウボウ地名は必ず海岸部にある。

当時外洋に出た船は、自分がどこにいるのかは、数日にわたってわからなかった。星で方角を知ることはできた。宋代には「指南浮針」という羅針盤原形があった（『高麗図経』巻三十四・半洋礁、一一二三年）。けれども、今いる位置までわかる道具は何も発明されていなかった。経験則はあったけれども、風も潮流も毎年変わる。どこに着くのかは島影が見えるまでわからなかったし、何十億円、何百億円にも相当する高価な積荷があるから、見知らぬ土地では襲われる可能性が大である。その土地の支配者による安全の保障があらかじめ必要であったから、宋人グループを各地に配置し、交易の安全とスムーズな交渉を可能にしなければならない。そのための拠点（唐房）が張り巡らされていた。

蒙古襲来の頃にも日宋（日元）貿易は途絶えなかった。弘安二年（一二七九）十一月一日の広福寺文書によれば、箱崎の四郎、張（ちやう）の二郎という人物が舎利《しゃり》（シャカの「遺骨」）を相伝し、建治《けんじ》三年（一二七七）、さらにそれを渡宋二度の高僧、寒巌義尹《かんがんぎいん》に伝えた。「張」という苗字は中国人由来である。張の二郎というだけでその世界ではわかる人物がいたわけで、建長《けんちょう》五年（一二五三）に鳥飼二郎船頭と呼ばれていた綱首（宋商人）の張英《ちょうえい》その人か、ないしは近い係累の可能性がある。

宋への二大輸出品、木材と硫黄

では、日本から宋（中国）への輸出品は何だったのか。

日宋貿易が盛んな頃、日本から輸出された品々が、宋の『宝慶四明志《ほうけいしめいし》』巻六に記されている。書名に含まれる「宝慶」とは中国・南宋の年号で、西暦一二二五〜二七年に該当し、また「四明」とは四明山のあった中国寧波を指す。当時は慶元府《けいげんふ》と呼ばれた。

そこに日本から宋への輸出品として書き上げられたものは

細色　金子・砂金・珠子・薬珠・水銀・鹿茸・茯苓《ぶくりょう》
麤色　硫黄・螺頭《らとう》・合蕈・松板・杉板・羅板

である。細色《さいしょく》は小容積のものをさし、金や真珠、薬品はこちらに分類される。稀少《きしょう》品種ということである。小さいので、船に載せてもそれほどかさばらない。麤色《そしょく》は大容積を意味する。麤色にはまず硫黄があって、最も重要な輸入品であった。火薬の製造に必要で、火山のない中国での産出量はわずかであった（一六頁）。つづく螺頭は螺鈿《らでん》細工の原料なら、貝殻である。これもかさばったようだ。合蕈《ごうじん》は椎茸《しいたけ》か。ただし他の例では合簟《ごうてん》とあって、簟はあじろの意、合簟は莞席《かんせき》つまり、藺筵《いむしろ》のようだ。松板・杉板・羅板は板であるが、注記があって、「文細密、如刷糸而、瑩潔《えいけつ》最上品也」(もようは細密で刷《ととの》えられた糸のようで、輝きをもち清らかで、最上品である)とある。輸出木材は日本産ヒノキおよびスギである。これらは中国には産出しないから、松板・杉板・羅板としたのであろう。新井白石《あらいはくせき》もその著書『東雅《とうが》』で羅木・羅板の羅は日本のヒノキであると指摘している。

輸出品は金(砂金)と書かれているが、砂金を船にいっぱい載せるということは不可能である。砂金は、中国大陸に渡ってから日本に輸入する物資の購入に充《あ》てる原資、つまり高額貨幣の側面が強かった。輸出品の売却益と持参した小さな袋に入った砂金とをあわせて、輸入する品物を買ったのであろう。金の一部は宋の有力者の手に渡ることもあったかもしれないが、通常の交易品ではなかった。

輸送手段は船しかない。交易品は舶載品だから、重量があって、船いっぱいに積むものである。そして相手国にはその品がないものだった。中国では産出しないもの、それが木材であるヒノキとスギと、そして硫黄であった。木材(ヒノキとスギ)が上記の松板・杉板・羅板に該当する。ヒノキとスギは、中国にはなく日本にしか生えていない、優れた建築材だった(詳細は後述、一二九頁)。

木も硫黄も重量がある。当時の船は帆船だが、高く帆柱を立てると不安定になった。転覆を避けるため、バラスト（重し）を必要とした。バラストはふつう、石であった。石では積荷としての意味・価値はないが、バランスを取る必要上、積まざるを得ない。だが木や硫黄ならば商品としての価値が高いうえに、バラストにもなった。一石二鳥、理想の貿易品である。

硫黄

硫黄は火薬の材料として、最も重要視された。『宝慶四明志』に続く『開慶四明続志《かいけいしめいぞくし》』に、宋・宝祐《ほうゆう》六年（一二五八）慶元軍府事だった中国高官呉潜《ごせん》の言葉が記される。呉潜は「兼沿海制置使」、つまり沿海警備の責任者を兼ねる軍事担当者でもあった。書名の「開慶」は南宋の年号で、西暦一二五九年にあたる。文永の役の十五年前である。彼は日本から輸入されるもののうち、有益で価値があるものは硫黄と材木だけだ、といっている。

○日本人は海の危険を冒して（倭人冒鯨波之険）、船首と船尾が接するかのように連なって（舳艫相銜）、商いをする（以其物来售）。

○その中で国に利益をもたらすものは硫黄と板木のみである（裨国計硫黄板木而已）。

○日本の商人は毎年大いに交易しているが、日本の板と硫黄はすこぶる国計の助けになっている（倭商毎歳大項博易惟是倭板硫黄頗為国計之助）。
○日本の板や硫黄は地域の主や重臣のものになっている（其所販倭板・硫黄之属、多其国主・貴臣之物）。

と、硫黄と木材の有益性、高い輸入頻度が縷々《るる》述べられていた。

板木と並んで火薬の材料、硫黄が重要視された。西夏と戦争をしていた元豊《げんほう》七年（一〇八四）、宋の皇帝神宗《しんそう》は、火砲箭《かほうせん》（火薬を用いた砲・矢）を前線の将軍に配備させている（『続資《ぞくし》治通鑑長編《じつがんちょうへん》』）。火薬はこの時よりも前から使用されていた。蒙古襲来の一〇〇年以上前である。蒙古襲来の時期にも大量の火薬弾を使用した。元は宋の襄陽を攻撃する際に砲を用いた。『元史』（巻二百三）工芸によれば西域の人、斯瑪音（別本では思馬因）が砲を造ることをよくし、城の周囲から重さ一五〇斤を発射し、落城の契機となったとされる。当然ながら日本攻略にも用いられた。日本はこれを「てつはう」（鉄砲）と呼び、蒙古船が沈む鷹島海底から今も遺物多数が引き上げられている。日本は未知の敵兵器に苦しんだ。日本が火薬兵器を使用するのは戦国時代後半からだから、五〇〇年も遅れていた。はじめから兵器の性能に雲泥の差があったのである。火薬はルネッサンス三大発明の一つといわれるが、すでに中国では使用されており、それがヨーロッパに伝えられたにすぎない。

火薬の材料である硝石は、湿潤な日本にはほとんど産出しないが、乾燥した不毛地を持つ中国大陸内陸部には天然に存在していた。ただし中国大陸全体では火山がほとんどなかったから、自国内で硫黄を得ることはむずかしかった。さきにみた『宝慶四明志』によれば、硫黄を輸出している国（地域）は日本（倭）のみで、高句麗《こうくり》・海南占城《かいなんせんじょう》（チャンパ）・外化蕃船《げけばんせん》の項に硫黄の記述はない。宋は火薬製造の生命線を、日本に依存していた。

呉潜は一二五七年頃に理宗《りそう》に提出した奏状で、「中興南渡（一一二七年、北宋滅亡、南宋成立）以来、我が国の声教（すなわち天子の徳）は西北方面にてはなくなったけれど、高麗・日本の二国だけは東南の海隅を介して、いまだに宋を向慕して、現在まで通商している」と述べている（『許国公奏議』）。

なぜ日本を攻めたのか

クビライがしばしば「或いは南宋、或いは日本に往かん」（『高麗史』元宗九年）、「宋と日本を討たんと欲するのみ」（同・李蔵用伝）といったのは、宋と日本の同盟関係を見抜いていたからである。しかしそれまで没交渉であった元に、日本が関心を持つことは少なかった。漢民族、つまり日本が長く交易し、かつては朝貢もしていた高度な文明を持つ中華民族と、モンゴル民族は、異なる存在である。日本は中国に関する知識は宋に留学した禅宗僧から得ていたと考えるから、宋と日本の関係からいっても、元は夷狄外蕃《いてきがいばん》の一つとしか見えなかったのではなかろうか。

宋に対して日本は硫黄を供給した。ところが南を遮断されている元には、その道はなかった。おそらくは戦争商人からの高額購入に依拠していたことだろう。日本の輸出品のうち、木材は戦争の原因にはならない。だが硫黄は戦争の原因になった。兵器製造用だからである。

このように考えてくれれば、なぜ元が日本を攻略しようとしたかがよくわかるだろう。元にとっては最大の敵国、攻略目標である宋に軍事物資を供給し続ける日本は、叩《たた》きつぶさなければならなかったのだ。蒙古襲来は本質的に物質戦争であって、兵器製造に必要な硫黄を直接調達することを、元が切実に欲したのである。

蒙古の先兵となった高麗は九州北岸から攻めてきた。他国を侵略する場合、有効なのは行政機関を支配下に置くことである。九州島を管轄し、独自性・独立性を強くもつ広域行政機関・大宰府がある。ここを陥落させられれば、兵器、さらにうまくすれば兵員が手にできる。まずは大宰府が攻撃目標になった。

高麗軍が前面に出る戦争だった。硫黄のみが欲しいのなら、まず温泉山《うんぜんざん》（＝雲仙岳《うんぜんだけ》）や薩摩南方の硫黄島を占領すればよいという意見もあるかもしれないがそうではなく、高麗は至近の九州・大宰府を目指すことになる。

第二章　文永の役の推移

第一節　蒙古・高麗軍の規模

元と高麗

文永十一年（一二七四）、宋の暦では咸淳《かんじゅん》十年、元の暦では至元《しげん》十一年の十月に、高麗軍、そして高麗を支配する元の連合軍が、対馬《つしま》・壱岐《いき》を経て九州北部、博多湾岸に攻めてきた。文永の役である。

高麗・忠烈王《ちゅうれつおう》は二十歳で結婚した妃がいるにもかかわらず、三十五歳のとき、クビライ女子（公主《こうしゅ》クツルガイミシ）を妻に迎えた。王はモンゴル風の弁髪《べんぱつ》に変え、胡服《こふく》を用い、それを高麗国の法とした。モンゴル人になりきろうとしたのだ。三十八歳で即位するまで、元の首都・大都《だいと》（現在の北京《ペキン》）での生活が長かった。元の後ろ盾で国王になって、高麗では征

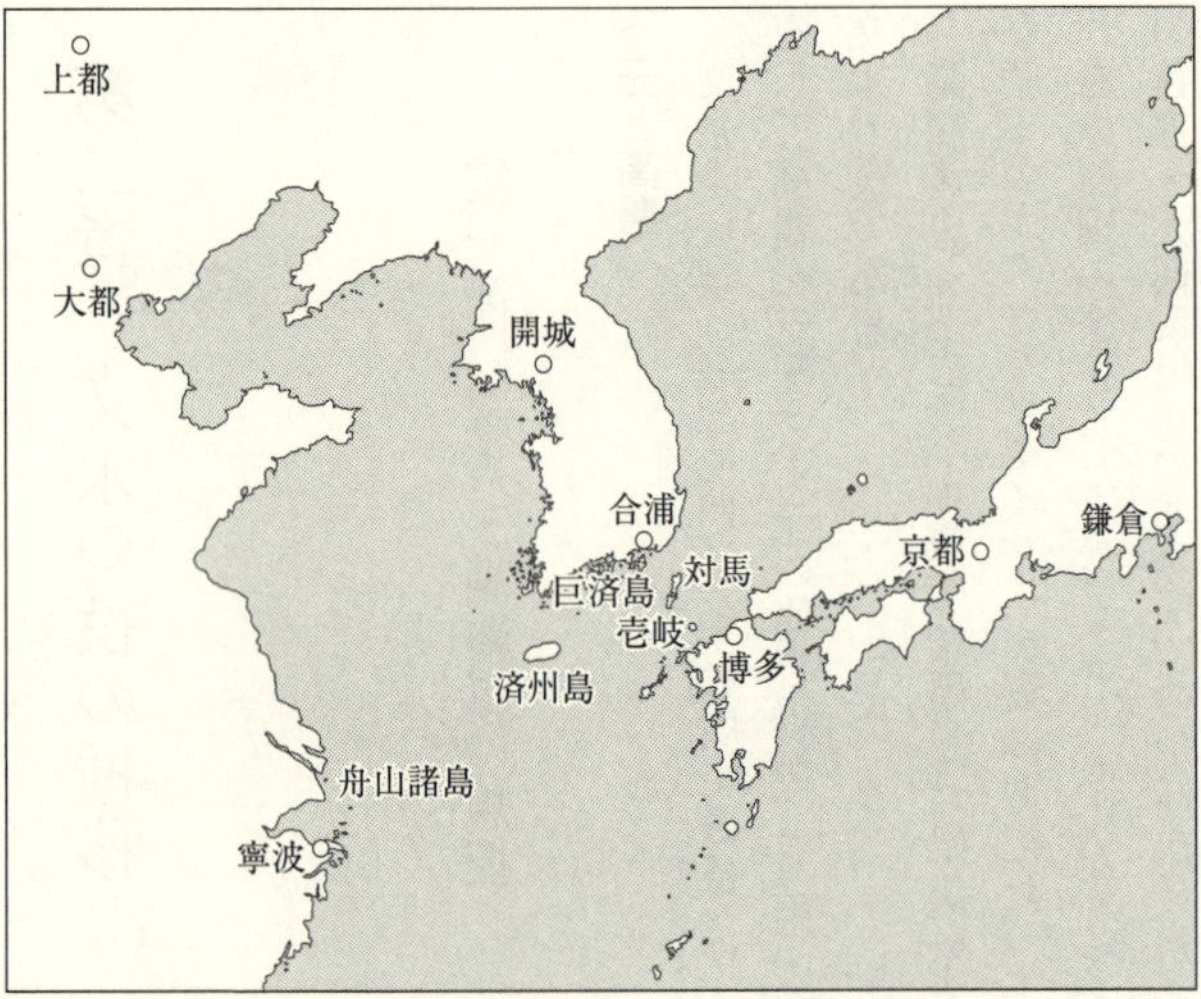

東（征日本）の指揮をとった。

かつての高麗は、武人政権（崔政権）で反モンゴルだった。その崔政権が倒れ、一二六〇年の元宗《げんそう》（忠烈王の父）即位によって、高麗のモンゴル服属が明確になる。当初は高麗が前面に立って日本に通交を求めたが、不調となって、蒙古がみずから使者を送った。至元三年（一二六六）八月、蒙古皇帝国書を持った使者は、対馬を目前にした巨済島で、風《ふう》濤《とう》を恐れて引き返した。『元史』また『高麗史』に国書が掲載されている。東大寺文書にもほぼ同じものがあって、これは次の二回目の使節がもたらしたものであろう。「用兵夫孰所好」（兵を用いることを、どうして好もうか）と結んでおり、威嚇のニュアンスを含む内容だった。蒙古は計六度の使節を送ったが、目的を達することはできなかった。

一二六七年と一二六八年（元宗八～九年）、クビライは三〇〇〇石か四〇〇〇石を積むことのできる舟一〇〇〇隻の建造を高麗に命じたが、その時の攻撃目標は南宋か日本か、いまだ決めていないとしている（『高麗史』李蔵用伝）。

苦しむ高麗は、日本が通交に応ずることを心底願った。応じなければ日本を攻めるのは自分たちだとわかっていたからである。けれど叶わなかった。高麗は蒙古の圧政以外にも、内乱に苦しんだ。五度目の使節が長く日本に渡ることができなかったのは、高麗南部を反モンゴル派＝反国王元宗派である三別抄《さんべつしょう》（サムビョルチョ）が支配していたからである。高麗はけっして一枚岩ではなかった。むしろ逆で、三別抄は一二七三年に鎮圧されるまで、江華島《こうかとう》や珍島《チンド》など島嶼部《とうしょぶ》に依拠して活動を続けた。この過程で三別抄が高麗王朝と称して日本に救援を求めてきたこともあったが、日本は黙殺している。事情が読めなかったからだとされている。しかし使者がきているのだから、大枠の事情はわかっていた。歴史的評価でいえば、日本の身代わりに戦っているともいえる三別抄に、朝廷も幕府も援兵をだす意志を持たなかった。

九〇〇艘の実態は「大船三〇〇艘＋ボート六〇〇艘」

文永十一年に日本に攻めてきた際の艦隊・人数は、いかほどか。これまでの研究（池内説ほか）は、『高麗史』の記述に依拠して、九〇〇艘《そう》・四万人弱としてきた。

蒙漢軍は二万五千、わが軍（高麗軍）は八千、梢工《しょうこう》・引海《いんかい》・水手《かこ》六千七百と戦艦九百艘を以《もっ》て合浦《ハッポ》に留《とど》める。（ア）

日本を攻めるにあたり、忠烈王が戦艦九〇〇艘を用意させた。九〇〇艘という表記は『元《げん》史《し》』『高麗史』にしばしば登場し、

合万五千人戦船大小合九百艘（イ）

大小九百隻（ウ）

戦艦大小合九百艘（エ）

兵船揔九百艘三百艘合用梢工水手一万八千（オ）

とさまざまに書かれる。（オ）のように九〇〇艘・三〇〇艘と併記した記述さえもあるけれ

ど、九〇〇・三〇〇という異なる数字が併記されることは、何を意味し、また大・小とは何を指すのだろうか。

『元史』日本伝に

以千料舟・抜都魯軽疾舟・汲水小舟、各三百共九百艘載士卒一万五千（カ）

とある。汲水小舟は文字通り、水汲《く》み用のボート（端艇）である。抜都魯軽疾舟の抜都魯はバートルで、「勇敢な」の意である。ウランバートルのバートルとしてわたしたちにも親しみがある。疾は疾風に同じく早い、だから「勇敢で軽くて早い舟」、つまり危険な敵前上陸に耐え得る、勇敢に突き進むスピード小艇である。

抜都魯軽疾舟が三〇〇艘、汲水小舟が三〇〇艘、そして千料舟が三〇〇艘、「各三百」なのだから、あわせて九〇〇艘の意味だとわかる。こうして三〇〇艘と九〇〇艘の正しい関係がわかった。バートル舟も水汲みボートも自力で外洋を漕《こ》ぐことはなく、母艦つまり千料舟に搭載されていて、接岸上陸時のみに水夫《かこ》が乗った。だから九〇〇艘の舟といった場合、外洋で水夫が漕ぐ舟は三〇〇艘である。計六〇〇艘は装備された付属船である。港湾・外洋に浮かぶ時に、船に乗っている上陸用の船までを一艘と数えることはないから、ふつうに表現するなら三〇〇艘が正しい。乗船する水主も九〇〇艘分ではなく、三〇〇艘分である。

この九〇〇隻（艘）はくりかえし登場する数字である。端数のない丸い数字だし、実数というよりは、いってみれば常套《じょうとう》表現、決まり文句のように思われる。九〇〇隻は多くの史料で「一万五千人」という数値を伴っているが、（オ）・（カ）では士卒と梢工（船乗り）・水手（水夫）を書き分けているから、おそらく士卒が一万五〇〇〇人、水夫が一万五〇〇〇人であろう。三〇〇隻としての数字だから、一隻に士卒五〇、水手五〇、計一〇〇人が乗って、船は五十挺櫓《ちょうろ》（五〇本の櫓を使って操る船）規模となる。

百二十六艘

ところが『高麗史』忠烈王六年（一二八〇）十一月己酉に

窃《ひそ》かに思うに、我が国は凋弊《ちょうへい》しきっている。過ぎた年の東征（日本を攻めたとき）に、大船百二十六艘に相当する人数の梢工・水手を要求されたが、それを果たすことができなかった。いま三百艘分の人数を求められているが、ましてやそのような過大な要求に、応えられるはずはなかろう。

＊猶為未敷、窃念小国戸口、自来凋弊、往歳東征之時、大船一百二十六艘、梢工・水手、猶

為未敷、況今三百艘、何以尽数応副

という記述がある。上記（オ）から続く後半である。弘安の役の前年である。「往歳東征」が文永の役を指すことは明らかで、かつ「猶為未敷」（なお未敷《みふ》となす）とある。征東準備にて命じられた一二六艘を漕ぐ水夫が出せなかったと解される。我が国（高麗）は凋弊し（疲れきっており）、今回命じられた三〇〇艘などとんでもないといっている。むろん征東軍全体に課せられた船数である。文永の役時には、一二六艘分の水夫が調達できなかったことになる。五〇人なら水夫は一三〇〇人である。水夫がいなければ、船は出せない。日本に赴いた高麗兵船は一二六艘以下だったことになる。

ところで、文永の役よりおよそ三〇〇年近く前、寛仁《かんにん》三年（一〇一九）に刀伊《とい》（女真の海賊）の入寇《にゅうこう》があった。大宰帥《だざいのそち》（大宰府の長官）からの報告が『小右記《しょうゆうき》』（右大臣藤原実資《さねすけ》の日記）に記されていて、敵船は五十余艘とされている。日本側は志摩《しま》郡（糸島《いとしま》半島）や能古島、警固所《けごしょ》（のちの福岡《ふくおか》城）一帯に上陸を許し、甚大な被害を被った。厳重に警戒していた文永の役とは異なって、ほとんど無警戒のなかの突然の侵入ではあったが、文永の役と同等かそれ以上の被害が出た。文永時の高麗軍兵船は一二〇艘前後プラス蒙漢軍若干と推定しているが、九州北部を蹂躙した刀伊兵船の三倍ほどに相当する。

船の大きさから推定される水手・兵員

長崎県の鷹島神崎《たかしまこうざき》沖海底には、いまも弘安の役時の蒙古船が沈んでいる。この船の実物から当時の軍船の大きさが推定できる。竜骨《りゅうこつ》（船底の中心を、船首から船尾へ貫く主要部材）とともに発見された一隻目（一号船）は竜骨の長さが一三・五メートル、全長推定二七メートル前後、二隻目（二号船）はそれより小さく、確認できた部分が長さ一二メートル、最大幅約三メートル、全長推定二〇メートルとされている。韓国・新安沖の沈没船の場合は、多量の貨物の輸送を使命とした貿易船・商船であるから大型で、船長は三〇メートルだった。軍船はスピードや操作性、着岸の早さを重視するから大型にはならない。東京都八王子《はちおうじ》市信《しん》松院《しょういん》模型から復原される安宅船《あたけぶね》は、船長二四メートルで四十挺櫓だった。江南軍の船のうち、小型二〇メートルの方は四十挺櫓だった日本戦国時代の安宅船よりは小型である。大型二七メートルの方は商船の転用も考えられる。

中島楽章《がくしょう》氏の研究によれば、『宋会要輯稿《そうかいようしゅうこう》』に記された船の寸法から、海鶻船（海鶻は隼《はやぶさ》の意）・一千料は戦士一〇八人、棹梢《こうしょう》（梢は船の棹《さお》）・水碗手四二人、鉄壁鏵觜《かし》船（鉄の刃のくちばしをもつ船）・四百料は戦士七〇人、兵梢（水夫であろう）二〇人が乗るという。海鶻船が一五〇人乗りと、鉄壁鏵觜船が九〇人乗りで、それぞれ四十二挺櫓と二十挺櫓規模であった。ほかに鮐魚《たちうお》船は五〇人乗りだった。

さきに、合浦（馬山合浦区）を出帆した船のうち、高麗船は一二六艘以下と考えた。蒙漢あわせて仮に全体一五〇艘とする。兵士を乗せるほかに多数の馬も乗せなければならなかった。『蒙古襲来絵詞』の麁原《そはら》山麓の蒙古陣には複数の馬が描かれているし、鳥飼浜から逃げる場面の先頭も馬である。弘安の役時に鷹島から逃げる張禧《ちょうき》は、舟中の馬七〇頭を棄《す》てて、空いた場所に兵士を乗せている。海鶻船・一千料は戦士一〇八人であったけれど、馬を乗せた場合には当然に兵士は減る。牡馬《おすうま》は同じ空間に置くとケンカを始めるから、間仕切りを入れて、一頭ずつの空間を確保しなければならない。兵員三人に一頭の馬がいなければ、強力な騎馬軍団は成立しない。仮に一艘当たり、馬が一五頭、兵士が六〇人、水夫五〇人で、それが一五〇艘に乗ったと考えれば、東路軍兵士の数は九〇〇〇人前後で、馬が二二五〇頭、水手七五〇〇人、計一万六五〇〇人ほどだったという計算になる。（ア）にあった数のうち、「わが軍（高麗軍）は八千、梢工・引海・水手六千七百」という数字に蒙漢軍を加えてみれば、この数字に近くなる。

蒙古は従属国、旧南宋と高麗に戦費・兵員のほとんどを負担させただろう。のちの例だが、『高麗史』列伝・金忻《きんきん》伝に、高麗貴族が帝（クビライ）に対し「蛮夷を以て蛮夷を攻むるは、中国の勢いなり、請うらくは、高麗・蛮子をして日本を征せしめ、蒙古軍を遣わす勿《なか》れ」と要請し、帝（クビライ）がこれを許したと記している。忠烈王五年（一二七九）、つまり弘安の役の二年前で、蛮子とはこの年に滅亡した旧南宋・江南人のことである。

これまでの基本資料（ア）には「蒙漢軍は二万五千」とあった。漢軍は漢児軍とも書かれ、華北の軍を指す。弘安の役時の史料には、東路軍を指しての「遼陽《りょうよう》省臣兵」（遼陽省は現在の遼寧《りょうねい》省、吉林《きつりん》省、黒竜江《こくりゅうこう》省域）とみえ、後述する張成《ちょうせい》は新附軍《しんふぐん》（旧宋軍）として東路軍に加わっていた。文永時にも蒙漢軍が存在したが、この記述によれば、蒙漢軍が高麗軍の三倍以上もいたことになる。高麗軍八〇〇〇人に加えてさらに二万五〇〇〇人、計三万三〇〇〇人もの兵士を、限られた船でどう運んだのか、見当がつかない。いかにも多すぎないか。検討を要しよう。『高麗史』は元が滅亡した後に編纂《へんさん》されているから、強大な蒙古に従う形で出征した、と後世に記録したのかもしれない。

第二節　合浦・対馬・壱岐

合浦から対馬

蒙古・高麗軍が合浦を出発した日にちは、『高麗史』の記述に

元宗〔順孝王〕十五年十月乙巳――発合浦

とあって、十月三日（＝乙巳）とわかる。

日本側の史料『帝王編年記』には

十月十七日、自九国早馬到来于六波羅《ろくはら》、是去三日蒙古賊人於対馬嶋合戦云々《うんぬん》

とあり、十月三日に蒙古人が対馬で合戦したとあるが、この日は蒙古・高麗軍が合浦を出発した日である。出発した日と到着した日が同じとなるから、過去には疑わしく思う人もいたようだ（『大日本史料稿本』東京大学史料編纂所データベース）。しかし、じっさいにはこれが正しく、むしろ一日で到着しなければならない。

合浦と対馬の距離は八〇キロほど、朝鮮半島の先端と対馬は五〇キロ足らずである。旧暦十月三日に相当する日（月齢二の日）の潮汐《ちょうせき》について、韓国国立海洋調査院のデータでみると、夜半二十二時に満潮となり、以後明け方三時まで、引き潮が東に流れ続ける。この間、二メートル二〇センチもの潮位差がある。よって前日深夜少し前に出発すれば、東流に乗って、明け方には鎮海湾口に達し得た。

ここから外洋に出、追い風を求める。時速七キロ（四ノット弱）の風が得られたなら、朝六時に湾口を出て、午後一時には対馬に到着する。時速四キロなら午後五時で、それ以下なら漕いで速度を確保した。日和《ひより》を見、観天望気《かんてんぼうき》と暦の経験則で出帆し、不調でも櫓漕ぎで到達し得た。万一、さらに不調なら引き返すことができる距離でもある。もし夜になっても浅瀬に到着できず、碇《いかり》を下ろすことができなければ、風と潮に任せた漂流となる。いずれにせよ必ず一日で到達していることは、豊富に残されている朝鮮通信使の記録に明らかで、どの記録も一致している。

『関東評定伝』に以下のようにある。

文永十一年十月五日、蒙古異賊寄来たる、対馬島に著す

百余艘の艦隊ならば一斉の行動はむずかしく、いくつかに編隊を組んだであろう。出発時刻も、対馬到着時刻もバラバラになった。この史料では二日後の五日に合戦、としている。三日に対馬に到着し合戦、以後海陸を進む。対馬の西海岸（佐須浦《さすうら》）に到着したという史料がある。博多をめざすのなら南端の豆酘《つつ》に至る。国分寺《こくぶんじ》周辺の国分（のちの府中《ふちゅう》、今の厳原《いづはら》）も制圧しただろう。その日が五日か。

対馬の兵力はいかほどだったか。文永の役で少弐景資《しょうにかげすけ》は五〇〇騎を率いた。騎馬武者一

人に徒士二人が付くから、一五〇〇人である。大規模な武士団でもその程度であった。対馬では、少弐氏代官宗《そう》右馬允《うまのじょう》が守っていたが、鎌倉幕府・少弐氏が大軍を派遣した形跡はない。対馬勢は一〇〇騎（三〇〇人）もいたかどうか。九〇〇〇人以上の敵兵にまともに立ち向かうことはむずかしかった。日蓮《にちれん》が「総（宗）馬尉は逃げた」といっているように、逃亡したという風聞もあった。しばらくは逃げていたのかもしれない。

対馬からは博多よりも釜山《プサン》・合浦の方が近い。宗氏は常日頃から高麗に接することが多く、交流もあっただろう。元宗四年（一二六三）の日本船漂流の際は大宰府少卿殿が交渉しており、外交担当の代官の宗氏も活躍しただろう。だからこそ、来襲にはとまどった。延慶《えんぎょう》四年（一三一一）久根《くね》定能《さだよし》言上状（『御旧判控』）は、定能の父兵衛三郎資定《すけさだ》が宗右馬允とともに佐須浦戦場で討死したとしている。「資」は少弐氏の通字《とおりじ》（代々が踏襲する名前の一字）で、兵衛三郎を名乗っているから、数代前に兵衛尉《ひょうえのじょう》の官職にあったものがいたようだ。ならば資定は少弐一族であろう。少弐氏の代官であるか、ないしは一族の彼らは戦わざるを得なかったが、多勢に無勢、兵器は奪われ、島民の大半は蒙古・高麗勢に従って、食料・住居などを提供した。戦場にありがちな悲劇も起こっただろう。

かくして対馬は占領され、駐屯地として、以後は高麗から九州への補給基地と位置づけられる。

壱岐

『高麗史』には対馬攻略の記事がなく、いきなり「一岐島に至り、千余級を撃殺」と始まっている。高麗には、対馬を外国（日本）と考える意識が稀薄だった。壱岐到着の日は『高麗史節要』のみに「十一日」とある。日本の『一代要記』では「同十三日、異国軍の兵、壱岐島に乱入す、同十四日、彼島守護代庄官以下、悉く打ち取らるると云々、対馬は以て同前」とあって十三日としている。対馬を攻略して、六〜八日後に壱岐に至り、まもなく守護代が打ち取られた（守護は少弐氏）。九州本土侵攻はその七日後である。着々と侵攻しつづけた。

鷹島侵攻は誤り

文永の役でも鷹島侵攻があったとする見解がある（『国史大辞典』鷹島の項など）。これは『八幡愚童記』に依拠した見解である。

同〔文永十一年十月〕十六、十七日平戸《ひらど》・能古・鷹島辺の男女多く捕わらる、松浦《まつら》党敗北すこの記事は一般に知られている『八幡愚童訓』、すなわち群書類従《ぐんしょるいじゅう》や『寺社縁起』が引用する本には含まれておらず、『伏敵編』という明治二十四年（一八九一）に編纂された史料集のみに収録され、出典は『八幡愚童記』となっている。文永の役で鷹島を蒙古軍が攻撃したという記事は他の史料記述には全くなく、整合しない記事なのだが、『伏敵編』に収録されたため、一級史料とされたらしい。大宰府を目標とする高麗軍が、平戸を迂回するような無意味な作戦を取るはずがないことは、古く桜井清香《さくらいきよか》のような先学も指摘している。現在多くの教科書が依拠している蒙古襲来関係の歴史地図に、文永にも一部が鷹島に向かったとして行軍経路を示す線が引かれている。事実ではないから、訂正してもらいたい。

早良郡鳥飼警固山――迎撃の布陣

来襲の三年前、文永八年、鎌倉幕府は「蒙古人襲来すべきの由、その聞こえあり」として、鎮西《ちんぜい》で迎撃態勢を整えるよう指示していた（肥後《ひご》小代文書および薩摩二階堂《にかいどう》文書）。翌文永九年には異国警固のため、御家人たちが博多津番役《はかたつばんやく》を、交代で一月ごとに勤番している。わが軍は筑前肥前、とくに博多湾を最枢要の防禦線《ぼうぎょせん》としており、迎撃のために万全の布陣を敷いた（延時文書および野上《のがみ》文書）。

海岸堡《かいがんほう》という言葉がある。海を渡って敵国に攻め入る場合、海岸に近い山に上り、攻撃の拠点にすることである。いったん海岸堡を確保・構築できれば、まずは短期の、ついで補給が可能となれば長期の拠点となった。高麗軍が狙《ねら》う海岸堡の最有力候補、つまり敵からの攻撃目標になることが必至だったのは、大宰府西守護所、すなわち、のちの近世になって福岡城が築かれる赤坂山《あかさかやま》（警固山）である。この山は寛仁三年（一〇一九）、刀伊入寇時に攻防のあった警固所の山と同じである。福岡城築城以前には警固神社があって、築城による移転後にも「警固の藤」が残されていた（『筑前国続風土記《ぞくふどき》』）。『元史』に「太宰《（ママ）》府西守護所」とも、また「太宰《（ママ）》府西六十里、旧有戍軍」（戍はまもる）とも記される、最大の軍事拠点である。ここに大宰少弐で、かつ筑前守護でもあった少弐経資《つねすけ》が入城したと推定できる。総指揮官経資は全体を指揮するとともに、早良《さわら》郡鳥飼・荒戸《あらと》など樋井川河口一帯を守備範囲とした。いっぽう筥崎宮（多々良川河口・糟屋《かすや》郡）には豊後《ぶんご》守護大友頼泰《おおともよりやす》を、住吉宮《すみよしぐう》近く（那珂川河口・那珂郡）には肥前ならびに肥後国の守護代である弟少弐景資を配置した。瑞梅寺川河口・今津（志摩郡）にも、室見川河口・姪浜（早良郡）にも、それぞれ大将を配置し、海岸堡にされそうな山にはあらかじめ布陣し、守備兵を置いた。守備兵さえいれば、山は圧倒的に防衛に有利であった。弓矢も、投石も、山上から下に向けてしか効果を発揮しなかった。逆に下からでは武器が使えなかった。蒙古の火砲も同じである。しかし鳥飼干潟を挟んだ西側、いまの西新《にしじん》の麁原山《そはらやま》（祖原山・早良山）一帯はいくぶん手薄になっていた。

文永十一年十月二十日を太陽暦に換算すると、ユリウス暦なら一二七四年十一月十九日、グレゴリウス暦なら二十六日になる。

＊グレゴリウス暦＝グレゴリオ暦・新暦。現在使われている太陽暦で一五八二年から施行。ユリウス暦とは七日の差がある。

近似した季節、西暦十一月で月齢十九、旧暦二十日は、寝待ち月の次の夜で、潮汐は中潮、博多湾満潮は昼の十三時過ぎと翌日深夜零時半頃、干潮は朝の六時半過ぎと夕方十八時過ぎだった。上陸時には上げ潮に乗る必要があった。『一代要記』は「十九日亥刻、攻来筑前国早良郡」と書いている。亥刻は夜十時。この記事を信頼すれば、深夜（二十日未明）の潮流に乗っての上陸になる。夜半を過ぎれば月明かりもある程度はあって、上陸も不可能ではなかった。夜明け前の戦闘かもしれない。

『高麗史』金方慶伝に「三郎浦に上陸し、進むところにて日本兵を斬《き》り殺していった」とある（捨舟三郎浦分道、而進所殺過当倭兵）。三郎浦は朝鮮（韓国）語では sam rang po である。したがって三郎浦という場所は、sa・ra音が共有される早良《さわら》、早良浦である。早良郡での合戦なのだが、早良郡のうちでも最東端の鳥飼で合戦が始まった。福岡城のある赤坂山山頂は、那珂郡と早良郡の両郡界になっていて、福岡城の西側半分が早良郡鳥飼である。早良郡（三郎浦）合戦こそ早良郡鳥飼城（いまの福岡城）、つまり赤坂山の攻防戦・争奪戦を指す。

鳥飼城はこれまで警固山に比定されることはなかったが、のちの『歴代鎮西要略』ほかの史書には、九州探題であった今川了俊《いまがわりょうしゅん》や渋川満直《しぶかわみつなお》の居城が「鳥飼城」として記されている。

鳥飼村の警固山（鳥飼城）こそが、古代・中世を通じて、博多防衛の拠点である。西は鳥飼干潟（当時は樋井川河口、いまの大濠《おおほり》公園の原形）、東は砂丘後背湿地を通じて那珂川河口の干潟、そして海につながっていた（湿地はのちに福岡城肥前堀となる）。東も西も博多湾につながる海岸部随一の要害山で、その本質は近世（福岡城）に継承された。

いっぽう筥崎宮一帯へは昼前の上陸になったようで、『蒙古襲来絵詞』によれば、午前の段階での戦場は鳥飼・赤坂のみだった。だが筥崎宮は合戦中に炎上している。『勘仲記《かんちゅうき》』に筥崎宮火災による三日間の廃朝記事がある（廃朝は天子が政治を行わずに哀悼の意を表すこと）。蒙古軍の侵入路が多々良川であったことは、のちの弘安十年になっても、多々良河口に乱杭を打たせていることから推定できる。

午後には箱崎、また博多に上陸した部隊もあったと考える。蒙漢軍・高麗軍あわせて九〇〇〇人ほどの兵士が二方面の部隊に分かれた、と仮定してみよう。もし大小戦艦の記述通りに母船一艘に上陸用小艇（バートル軽疾舟）が一隻しか搭載されていなかったのなら、湾上で待機する艦船（一五〇隻以下）搭載のバートル軽疾舟（同じく一五〇隻前後）は総動員し、時間差攻撃をしたと思われる。兵士が二〇人、水主が一〇人乗ったとして、小艇隻をフルに動かすと、最初の上陸隊は三〇〇〇人ほどとなる。当初は数が揃わないから、最初に対戦した菊池《きくち》一〇〇騎にも敗れている。てつはう（鉄砲）など新兵器を駆使すれば、少弐の五〇〇騎（一五〇〇人）、菊池勢につづいた白石《しろいし》一〇〇騎ほかも含めておよそ一〇〇〇騎（三〇〇〇人）にも対抗できたし、日本の攻撃をいったんしのぎ、やがて後続隊二陣の三〇〇〇人、三陣の三〇〇〇人が、箱崎（大友頼泰率いる豊後御家人らが守備）、つづいて博多に上陸できれば、十分に圧倒することができる計算だった。

待ち構える日本側は万全の備えで、もし鳥飼より東進し、博多西方、那珂川西岸にまで敵が進んだならば、赤坂山の守備隊とで挟み撃ちにする作戦だったが、海上からの新手の敵にも備えなければならなかった。

『蒙古襲来絵詞』に「赤坂は馬の足立、わろく《（悪く）》候。これにひかへ候はば、定めて寄せきたり候はんずらん。一同に駆けて追物射に射るべきよし」とある。もし後背湿地で戦えば、馬の足が取られ、走行が困難になる。それを嫌う蒙古軍の進路を予測しての迎撃作戦を指す（後述）。

鳥飼の蒙古・高麗軍は、当初は菊池勢に押されていた。副将の劉復亭《りゅうふくこう》は流れ矢に中った（『高麗史』金方慶伝）。流れ矢というのは、逸《そ》れ矢、目標から外れた矢の意味とされるが、副将を狙わないはずはない。大将を射る場合の大型矢尻は決まっており（日本の場合は上差《うわざし》の矢《や》、雁股《かりまた》か平根《ひらね》を用い、矢には家名か家紋を記す）、それ以外の雑兵《ぞうひょう》を狙うふつうの矢尻の矢が大将に的中したときに「流れ矢に中る」という（『弓具の雑学事典』）。高麗での流れ矢なる語の用法も同様だったのではないか。敵将に命中したのだから、相当の技量の持ち主が狙って射た矢にちがいはなく、混戦を文学的に表現したものだろう。

殺傷能力のある矢の射程距離は三〇～六〇メートルほどで、その狭い範囲に日本軍が接近した。両軍が入り乱れての至近戦がくり広げられた。東では筥崎宮も焼かれた。蒙古・高麗軍は緒戦では互角ないしは辛勝で、単独で駆けようとした竹崎季長は大怪我《おおけが》をする。討死も多かった。だが蒙古側は目標だった警固山を陥落させることはできなかった。蒙古にとっての緒戦、鳥飼作戦は失敗である。「諸軍と戦い、暮れに及びて、すなわち解く」と、いったん陣を引き上げた。まもなく蒙古軍は麁原山に引き上げ、その夜を過ごした。

一日で終わらなかった文永の役

いまも、「文永の役では蒙古軍は嵐のために一夜で退却した」と書いている教科書が複数あることは述べた。ところがそうした記述は、歴史書のなかにはただの一点もない。どこにも書かれていないのだ。

外国遠征である。歳月をかけ、莫大な投資もして、周到な準備もしたうえで、はるばるやってきた。かつ、負け戦ではない。接戦で、いくぶん勝ち戦に近かった。やがては日本軍（大宰府軍）を圧倒できる見込みもあっただろう。にもかかわらず、なぜ一日（十月二十日）だけで帰るのだろうか。

『蒙古襲来絵詞』にあるように、鳥飼干潟での激闘を経た蒙古・高麗軍は西方の麁原山に引き上げている。もしその夜のうちに出帆・帰国する作戦だったならば、なぜその準備をしなかったのだろう。母船は沖にいる。上陸用艇には数十人ほどの人間しか乗れない。櫓漕ぎの往復はむろん手漕ぎである。緊急対応だから、潮を読んでの行動はできないだろう。

博多湾の水深は思いのほか浅い。長さ三〇メートルの蒙古船（高麗船）は外洋船だから、舵《かじ》の長さも五メートル近くはあろう。明治三十七年（一九〇四）刊の海図によれば、安全圏と推定される引き潮時に三尋《ひろ》（水深五・四メートル。海図表記では3Fathom）の水深までは、近代に埋め立てされる以前の海岸線から、一海里（一・八キロメートル）の距離がある。よって母船は二キロ近くも沖に碇泊していたことになる。『老松堂日本行録《ろうしょうどうにほんこうろく》』（朝鮮使節の記録、一四一九年）によれば、博多に楼船《ろうせん》（屋形船、外洋船か）が入ることはなく、朝鮮使も志賀島で内海用の浅い小船に乗り換えている。『蒙古襲来絵詞』でも敵船が眼前の浜に碇泊していたような様子は描かれていない。日本船団に挟み撃ちされることを警戒し、また悪天候も想定して、沖合、碇が届く深さの島の陰に碇泊していたと推定される。おそらく往復四キロ以上の距離があって、往路復路のどちらかで潮が逆になるし、往復に一時間はかかるだろう。上陸用小艇は一五〇隻ほどしかなかったと考えている。九〇〇〇人の大半が上陸していたのなら二往復半は必要だ。櫓漕ぎの小艇は前進のみで左右には動けないから、日本側は水際で集中射撃を試みる。安全に母船に帰ることが先決であった。麁原山は海岸から五〇〇メートルは離れている。山に上がったうえで、その夜のうちに博多湾から出帆するなど、できるはずがない。

どの点から考えても、一日で帰るというのはむずかしすぎて、常識ではあり得ない。そのような無理を重ねる意味もないと、ふつうなら思う。けれども多くの人々が、みな一夜で帰ったと信じてきた。それはなぜか。

嵐のために一夜で退却した、と記した書物はないが、一夜で姿を消したとする本はあったからだ。『八幡愚童訓』である。八幡神がいかに偉大な神であるか、それを愚かな童に諭すための宣伝書である。

なぜ博多の海から蒙古が消えたのか。『八幡愚童訓』はこういっている。「夜中に筥崎の神が出現して、蒙古兵を散々に痛めつけた」。引用しよう。

既ニ武力尽果《つきは》テ、若干ノ大勢逃失ヌ、今ハ角《かく》ト見ヘシ時、夜中ニ白張装束ノ三十人計、筥崎ノ宮ヨリ出テ、箭鋒《せんほう》ヲ整テ射ケルガ、其事《そのこと》ガラ唱立《おびただし》クシテ、身毛竪《よだち》テ怖ク、家々ノ燃ル焰ノ海ノ面ニ移(映)レルヲ、波ノ中ヨリ猛火燃ヘ出タリト見成(做)シテ、蒙古、肝心《きもこころ》ヲ迷ハシテ我先ニト逃ヌ。

白衣の神が弓矢を射かけた。その神は三〇人、あまりの恐怖で我を失った蒙古人は、箱崎の街が燃える焰《ほのお》が海に映るのをみて、「海が炎上している」、「海から火が燃えだした」、「船が燃え始める」と驚き、我先に逃げ出した。蒙古兵は朝にはきれいに退却して姿を消した。あとには静かな海のみがあった——。

このような荒唐無稽な話を信じる歴史学者がいるのかと思うほどだ。声に出して読めば不自然さは明瞭《めいりょう》なのだ。早く中山平次郎も「八幡愚童訓は実録にあらず」と強調した（『元寇史蹟の研究』一九一五年）。中山は「かかる浅薄な曲筆」とまでこき下ろしている。そのとおりで、まったく正しい指摘であったけれど、しかし学界の多数はそう考えなかった。なぜなら当時の貴族の日記である『勘仲記』十一月六日条に「にわかに逆風が吹いて、凶賊が本国に帰った」とあった（四四頁）。また『高麗史』に「会夜大風雨」とあったからだ。

＊会は「たまたま」と読む。「あう」ではない。大風雨にあう、という場合は「遇大風雨」、または「値大風雨」という字を使う。

それで一日で帰ったのはこの風のためだ、となってしまって、全くちがう日、異なる時間帯の話が、同じ日、十月二十日の夜のことだとして合体した。二十日合戦の夜に、風が吹いて、だから一晩で帰っていったのだ、となってしまった。

『勘仲記』によれば、二十日の京都は晴れで、「朝霜太」(朝の霜、はなはだし)とある。放射冷却をもたらす安定した大きな高気圧があって、だから太陽暦十一月下旬に霜が降った。こうした気圧配置であれば、その夜に嵐(寒冷前線)が通過することはない。

『勘仲記』のような、京都にいた貴族の日記に、断片的ながらも、合戦の推移が記録されている。はるか離れた場所での伝聞記事だから、蒙古退散がいつのことなのかを判断するためには、九州でのできごとが、いつ京都に伝わったのかを考えなければならない。博多発の飛脚は、いつ京都に到着するのか。この『勘仲記』は広橋《ひろはし》(勘解由小路《かでのこうじ》)兼仲《かねなか》の日記で、記主が勘解由小路兼仲だから、家名と記主名から一字ずつ取って、のちにそう呼ばれた。別名『兼仲卿記』とも呼ばれる。兼仲はのちには中納言《ちゅうなごん》に出世するけれど、文永十一年当時はまだ正五位下《しょうごいのげ》、治部少輔《じぶのしょうゆう》だった。

『勘仲記』十月二十二日条では「十三日」の対馬合戦の様子が伝えられた(筑紫少卿《ちくししょうけい》は大宰少弐。少卿は唐名・中国的表現であり、この場合、武藤資能《むとうすけよし》)。

＊去十三日、対馬嶋において筑紫少卿代官、凶賊らと合戦すると云々、此事により、資能法

師、飛脚を関東に差遣すと云々。

さきにみたごとく、対馬合戦は三日から五日にかけてだった（二九頁）。十三日と日付が記されているが、その日が対馬合戦そのものの日ということはあり得ない。対馬・大宰府間の連絡は、刀伊の時には一〇日かかっている。十三日は事態を知った少弐資能の飛脚が博多を出発した日となる。すると、このときは博多から京都まで一〇日かかっている。

つづいて十月二十九日条に「異国賊徒、責《せめ》来たりて興盛の由、風聞す」とある。これは九日前、二十日の赤坂・鳥飼の激戦を指す。『絵詞』に「去年十月二十日」とある博多周辺の緒戦のことだ。この場合も兼仲は十日で情報を得た。

次に、『勘仲記』以外の日記に『吉続記《きつぞくき》』逸文がある。十月二十七日条に二十日の合戦を報じ、「九国隕滅可憐」（九州はもう破滅である、あわれなことだ）と記している。つづいて「関東（鎌倉幕府）の政道は緩怠（いいかげん）である。ひとびとはさまざまにいっているが、あまり口にすべきではない、秘すべし」と書いている。

この記事では八日目で伝わっているから二日ほど早い。『吉続記』の記主は吉田経長《よしだつねなが》で、文永十一年には右大弁《うだいべん》であり、朝廷中枢たる太政官にいたから、治部少輔であった兼仲より情報入手は早かった。

博多・京都間の距離は六六〇キロほどであろう。人間（飛脚）が書状をもって交代で、つまり逓信《ていしん》で昼夜歩けば四キロ×二四時間＝九六キロである。何人もの人間が引き継ぎながら、徒歩のみで行けば六日で六〇〇キロを行く。潮待ちや渡河もあったから、それよりはいくぶん時間がかかることもある。少弐氏からの飛脚はまず京都・六波羅探題に入り、飛脚はさらに鎌倉に向けて出発するが、六波羅探題では、吟味のうえ伝えてもよいと判断された情報のみを、選び分けて朝廷に伝えた。その内容を周辺の人間が知るまでに、少し時間がかかった。それで八～一〇日後に日記に記されるのである。もしあらかじめ箱根駅伝のように足の速いランナーを次々に揃《そろ》えて配置しておけば、時間は驚異的に短縮できる（計算上は一日四〇〇キロメートルで、博多・京都間は一日半）。ただしそうした事例はみない。夜間は走れず、歩いただろう。通常は大宰府・京都は七～八日かかった。

つづいて『勘仲記』十一月六日条にはこうある。

ある人がいうには、逆風が吹いて、船は本国に帰った。残った船は大鞆式部大夫（大友頼泰）が捉《とら》えた。五十人以上である。いずれ京都に連れて行く。逆風のことはまことに神さまのご加護である。

＊晴、或人云、去比凶賊船数万艘浮海上、而俄逆風吹来、吹帰本国、少々船又馳上陸上、仍大鞆式部大夫郎従等凶賊五十余人許令虜掠之、皆搦置彼輩等召具之、可令参洛云々、逆風事、

神明之御加被歟、無止事可貴、其憑少者也、近日内外法御祈、諸社奉幣連綿無他事云々

これが京都（広橋兼仲）に伝わったのは十一月六日のことである（太陰太陽暦では小の月、二十九日までと、大の月、三十日までがあった。この年の十月は大の月）。吉報だから兼仲にも早めに伝わったと考えられる。蒙古（高麗）が帰国したのは八日前として、二十九日頃のことになる。蒙古・高麗軍は二十日の激戦後も、一〇日間近く日本に滞在し、作戦を継続していた。

逆風は『高麗史』がいう大風雨に該当する。二十九日以前に吹いた。南の風だったようだ。船が沈んだとは書かれていないが、座礁した敵船が一隻あって、五十余人が拿捕された。

『関東評定伝』には

文永十一年十月五日、蒙古異賊寄来たりて、対馬島に著す、少弐入道覚恵代官藤馬允、討たれる、同廿四日、大宰府に寄来りて、官軍と合戦す、異賊は敗北す、

とある。この史料には二十四日に合戦があったと明記されている。通説にたつ研究者は「廿四日」に蒙古軍はいないと思い込んでいたから、この史料の価値を認めることもできずに、

ただ無視をした。事実はこの二十四日、日本側は善戦し、大宰府まで攻め込んできた蒙古・高麗軍を退けた。不首尾となった蒙古・高麗は撤退を決めた。

「俄《にわか》に逆風」「会《たまたま》、夜に大風雨」(『高麗史』)とあるように、嵐は吹いている。ただしいつ吹いたのかは、記述がなく、わからない。日本滞在中とする説と、撤退中とする説がある。

この嵐は台風だとされたこともあるが、この日は太陽暦の十一月末に当たり、北部九州に台風が来る可能性はほとんどない。この季節には例年、強い寒冷前線が通過し、漁船などが転覆することもある。嵐はそうした異常気象のことだろう。おそらくは、蒙古・高麗軍は日本滞陣中に嵐に遭遇した。もともと大宰府陥落が不可能であれば、帰国してもよいとされていた。冬になれば北風が卓越し、日本海交通も途絶えがちになって、補給が不安定になる。悪くすれば退路を断たれて全滅である。嵐の通過が帰国を後押しした。「最後まで戦うつもりでしたが、嵐が来ましたので、やむなく戦闘を中止しました」。絶好の大義名分にできた。

それぞれが異なる史料に書かれていたこと、すなわち二十日の一日で退却という神話、怒れる神による蒙古退治譚《たいじたん》と、別の史料にあった嵐の記事を簡単に結びつけていた。双方の記述は、関連づけられてなどおらず、文脈の共通性はなかったし、京都の天気から、二十日の夜に嵐が吹くような気圧配置ではなかったことも明示できる。しかし、歴史家は、神の出現こそは嵐の比喩と考えたのであろう。この結合解釈はとても古く、江戸時代にはすでにそうした像が作られていたように思われる。非科学的な思い込みであったが、いかにも納得されがちな背景があって、疑われなかった。

すなわち神風史観の骨格をなす、文永の役における、嵐によって一夜で殲滅《せんめつ》なるものは、幻想・虚像に過ぎない。けれども信じられやすかった。

なお『元史』洪俊奇（洪茶丘《ホンタグ》）伝に「宜蠻等島《イーマンツウ》」とあるから、東路軍の将、洪茶丘は西方の今津に向かったと思われるが、二十日以降であろう。

『勘仲記』十月二十九日条には、「武家あたりは騒動があって、北条六郎と式部大夫時輔《しきぶのたゆうときすけ》が打ち上る、とのことだ」と風聞を記している。時輔は北条時宗の異母兄で、二年前の文永九年（一二七二）の二月騒動で時宗によって殺されたはずなのだが、吉野《よしの》・十津川《とつかわ》に逃げているという噂《うわさ》があった。北条六郎とは北条教時《のりとき》で、同じく二月騒動にて鎌倉で殺されている。教時は北条朝時の六男だから六郎と呼ばれた。従来の説は、六郎は肥前守護となる時定を指すとしていたが、彼は時宗政権に忠実だったから、時輔とともに攻め上るはずはない。この二名またはその残党が、京都に攻め上ってくるという噂があって、『勘仲記』の記主、勘解由小路兼仲は「怖畏《ふい》きわまりなし」と書いている。鎌倉幕府は国難に一致して対応できない、内紛ばかりだと非難していた。朝廷は幕府を非難し、幕府も内部に矛盾を抱えており、蒙古襲来への対応に不安な要素はあったが、合戦のさなかに露呈することはなかった。

第三章　弘安の役の推移

第一節　東路軍の侵攻、世界村はどこか

定説＝池内説と本書のちがい

このように、不自然そのものだったにもかかわらず、一日で帰ったとする一次・文永の役像は、これまでの歴史研究では、何ら疑われてこなかった。じつは二次・弘安の役に関しても同じような傾向があって、不自然な説明が定説になっている。

以下に、不動の定説とされてきた、一九三一年刊の池内宏『元寇の新研究』による、東路軍（高麗軍）および江南軍（降伏南宋軍。当時の文献では「蛮軍」と表記されることが多い）の行動説明を再検討し、その説を徹底的に批判したい。池内説は次々に孫引きされて、蒙古襲来に言及するどの本も依拠してきた。歴史学研究者はこの戦前の著書を自ら熟読し、引用さ

れた史料類を再検討するという作業はしておらず、ただただ引用をくりかえした。思考停止のままの拡散である。もはや動かしがたく、訂正もできないかの感さえある。しかし史料と突き合わせてみればわかるのだが、以下のごとく誤りばかりである。

はじめに池内説（通説）と私見の骨格を示し、比較してみる。

通説は

○東路軍（高麗軍）
五月三日合浦発→五月二十六日以前（五月二十一日か）に対馬（「日本世界村」＝対馬佐賀《さか》）→二十六日に壱岐→六月六日志賀島→七月二日壱岐で合戦→七月三〜四日頃平戸島→七月二十七日全軍鷹島に移動→閏七月一日（元暦では八月一日）台風で全滅状態

○江南軍（旧南宋軍）
六月十八日に慶元・舟山発→六月下旬平戸島→七月二十七日鷹島到着。東路軍、鷹島に移動し全軍集結→閏七月一日台風で全滅状態

というものであった。

本書での見通し（服部説）は以下の通り。

◎東路軍（高麗軍）

五月三日合浦発→その日のうちに対馬到着・八日頃までに全島掌握→十五日頃に壱岐掌握→二十六日に志賀島（「日本世界村大明浦」＝志賀島）→六月六日に志賀島増派・日本側最初の大反撃→その前後に蒙古・高麗軍が長門《ながと》侵攻、対馬増派→この間、本隊は終戦まで志賀島駐留のまま、張成ら一部部隊が壱岐に移動（交替休養）→七月二十七日に張成ら一部部隊が鷹島に移動（連絡補給）→閏七月一日暴風→閏七月五日博多湾で敗北

◎江南軍（旧南宋軍）

六月十八日舟山発（一部は二十六日か）→二十一日頃済州島《さいしゅうとう》（チェジュド）→二十五〜二十九日に宇久島《うくじま》・小値賀島《おぢかじま》→七月初め平戸島→七月十五日頃鷹島着→二十七日頃志賀島より張成ら一部連絡部隊が鷹島へ→閏七月一日台風→閏七月七日鷹島（海上戦および陸上戦）で敗北

このように私見はこれまでの通説とはまったく異なっている。まずさきにみたように、文

永の役でも朝鮮通信使がくる場合でも、高麗から対馬へは必ず一日で渡海する。風待ちをし、日和を見て出発日を選ぶからだ。しかし池内説は一九日もかかったとしている。そんなに時間をかけて何をしていたのか。最初から無駄に時間と食料を浪費していては、そもそも厳しい外国遠征に勝てない。

また池内説では、七月後半に全軍が鷹島に集結したとしている。しかしそれ以前、二ヵ月も前の五月後半以来、高麗軍は博多湾に侵攻し、志賀島を要塞《ようさい》化して長期滞在していた。目標は大宰府の軍事制圧である。

高麗軍は最も有利で強固な海岸堡を志賀島に確保することに成功し、日本からの執拗《しつよう》な攻撃をはね返してきた。それを放棄して、なぜわざわざ直線距離で七〇キロメートル以上、沿岸航海や陸路なら一〇〇キロほども離れた西方にまで戻らなければならなかったのだろう。大宰府を目前にする博多湾・志賀島だからこそ、継続して死守したのではないのか。江南軍の志賀島到着を待って、全軍で大宰府を総攻撃する予定ではなかったのか。いったん志賀島を放棄すれば、日本は強固な要塞とする。再びの奪還はすこぶる困難である。簡単に放棄できるほど、志賀島の軍事的価値は低くはない。

通説は蒙古軍が志賀島占領に失敗したとしてきたが、それは『蒙古襲来絵詞』の志賀島に布陣する蒙古大将などの情景描写、また諸史料に反している。

じっさいに弘安四年閏七月五日、台風通過後四日が過ぎた段階では、竹崎季長も菊池武房《たけふさ》も、みな博多湾岸にいた。鷹島にて台風で全滅していたのなら、なぜ遠く離れた博多湾岸、生《いき》の松原《まつばら》に本営を置き、武士が待機するのだろうか。

日本の武士は生の松原から志賀島周辺の戦場に向かった。生の松原から鷹島へなど遠すぎて、手漕ぎなら三日はかかる。合戦があった夕方酉《とり》の刻（午後六時前後）までに到達できるはずがない。

神風史観の骨格は、文永の役における一夜での敗走と、弘安の役、鷹島における全軍殲滅である。前者の誤りは指摘できたが、後者もまた、その誤りを明らかにできる。鷹島で江南軍は台風被害を受けている。それはそのとおり。しかし台風で決着がついたのではなく、その後も志賀島および鷹島の両戦場で死闘をくりひろげている。帰還兵も多い。征日本軍の一翼をなす東路軍は、志賀島陸上にて嵐の難を逃れ得たが、海上合戦に敗れて帰国したと考える。

日本世界村大明浦

以下、神風史観を構成してきた通説の論拠を、一点ずつ確認しながら批判していく。

高麗出発の日は五月三日。そのことは『高麗史』忠烈王七年（一二八一）五月戊戌《ぼじゅつ》（三日）に「舟師を以て日本を征す」とあるから確実である。ただし『高麗史』はそのあと壱岐の記事になっており、文永の役同様に対馬での軍事行動に関する記述がない。

そこで対馬到着の日が問題になるのだが、文永の役でも言及したように、高麗を出発した日には必ず対馬に到着する。それが不可能な条件では出発しない。私見ではその後壱岐を攻略し、出発から二三日後の二十六日に志賀島に達したとみる。

ところが池内説は二十六日以前に対馬に到着としている。『高麗史節要』に

五月辛酉〔二十六日〕忻都《きんと》・茶丘・金方慶、日本世界村大明浦に至る

とある「日本世界村大明浦」を、対馬・佐賀と解釈したからである。この記事の後に、壱岐に向かったという後述する記述が続くことから（六〇頁）、壱岐以前なら対馬だと考えたようだ。いまでは対馬の人もそれ以外の人も世界村＝対馬と信じて疑わないが、この対馬説は、長い研究史においては、異説・珍説にすぎず、それまでは博多湾上の志賀島と比定されていた。世界村を浙江省寧波では、siga-cen と発音する。韓国では sege である。浙江省の発音に依拠し志賀島を世界村とした地図や公用文書表記があって、高麗が踏襲したのだろう。志賀島には志賀大明神が祀られていたから、「大明浦」も適合する。

元禄《げんろく》元年（一六八八）に成立した松下見林《まつしたけんりん》『異称日本伝《いしょうにほんでん》』は、「世界村大明浦は志加島（志賀島）で、音が近い」としていた。見林について藤間生大《とうませいた》『倭の五王』は、最初に倭の五王に言及した研究者という点のみならず、「外国人の見た日本史」という国際的視野を持った最初の研究者であるとして、高く評価している。鎖国下にあった元禄時代の日本で、三十年間にわたって日本関係の外国文献を博捜し、長崎でも毎年、書を求め続けた偉大な歴史家である。見林の見解は踏襲されていたと考えられ、近代になっても、池内と同時代の中山平次郎らはみな志賀島だとしていた。軍人であった竹内栄喜《たけうちえいき》も「世界」は「シイガイ」と発音するから志賀島であるとした。八十年前までは共通認識で常識だった、世界村＝志賀島説には三百年の歴史の重みがある。

対して、日本世界村大明浦を対馬佐賀に比定できる根拠がどこにあるのか。調べてみても、わからなかった。有力な根拠はないといってよい。陶山訥庵《すやまとつあん》の著述になる『津島紀略《つしまきりゃく》』（江戸時代の対馬地誌）は、本文自体では「世界」は対馬の内ではあるがどこなのかは不明であるとしていた。訥庵は対馬藩の人間だから、対馬説に立とうとしたのだろう。訥庵以外の人物になる一写本の頭注に「世界は佐賀の訛《なまり》」と書き込みがあって、吉田東伍《とうご》『大日本地名辞書』がそれを引用紹介した。この根拠薄弱な説が、東洋史の大家・池内宏の手によって、たちまち通説の地位に駆け上がったのである。

鎮西飛脚の日時

池内はさまざまな史料を組みあわせて、東路軍侵攻の経緯を説明する。しかしその一点一点の解釈が誤っていた。まず池内は『壬生官務家日記抄《みぶかんむけにっきしょう》』(『弘安四年日記抄』)六月二日条に

異国船襲来、去月廿二日、已打入壱岐対馬嶋之由、鎮西飛脚、夜前到来于六原《六波羅》

とある記事から、二十二日前後に壱岐と対馬に侵入したと解釈し、壱岐そのものへは後述史料(六〇頁)によって二十六日着としたようだ。それで二十六日以前に対馬(彼が考える世界村大明浦)へ到着、とする自らの見解と整合すると考えた。だが「已」(すでに)とあるように、これは過去の事柄で、終了したことである。五月二十二日と、書状が届いた六月二日との時間差、すなわち一一日間(五月は大の月で三十日まで)が、博多と京都間の伝達時間差であることはくり返し述べてきた。対馬発や壱岐発なら、さらに数日は余分に時間を必要とする。二十二日に壱岐を出発し六月二日に京都に情報が届くことはむずかしい。二十二日は、一連の事態・経緯を報告する飛脚が博多を出た日である。

『壬生官務家日記抄』はつづいて

〔六月〕五日、異国〔船カ〕鎮西飛脚連々到来六原云々

とある。この六月五日記事は、伝達（飛脚）に要する日時を考慮すると、博多周辺なら五月二十六日前後に起きたこととなる。『高麗史節要』に記された日は辛酉（二十六日）であった。まさにこの日、蒙古・高麗軍は博多湾に現れ、志賀島（世界村）を占領した。

池内説は思い込みによる誤読の連鎖なのだが、一〇〇年前の学界、および以後の学界はこれを容認した。東京帝国大学教授（東洋史）という池内の地位とその権威によるとしかいいようがない。戦前はともかく、太平洋戦争後になってもまったく疑われなかった。世界＝志賀島説を主張する研究者が途絶したこともまた不思議である。

かつて網野善彦《あみのよしひこ》はその著『蒙古襲来』（一九七四年）のなかで、蒙古軍が「無意味な停滞をしている」とし、「なぜこのような無駄をしたのか、その理由がまずわからない」としていた。池内は誰しもが疑問に思う、遅滞の理由を、以下の『元史』世祖本紀《せいそほんぎ》・至元十八年（一二八一）六月壬午（十八日）の記述によって説明しようとした。

クビライへの報告の日時

六月十八日に、日本行省（征日本庁）の臣から遣わされた使者が、上都《じょうと》（元の夏の都）にいたクビライ皇帝のもとにやってきてこう述べた。「巨済島《きょさいとう》に駐留していた大軍が対馬に至りました。島人を捕獲して大宰府の軍備の実情を聞きだしたところ、大宰府西六十里に戍があり、とても堅固であり、準備を整えているとのこと。敵の虚にうまく乗じてこれを突く作戦です」。

クビライは「軍事に当たる卿らはよくよく権衡し（権衡はおもりとさお。重さを考えて慎重に、という意味）行動するように」といった。

＊日本行省臣、遣使来言、大軍駐巨済島、至対馬島、獲島人言、太宰府《(ママ)》西六十里旧有戍軍太、已調出戦、宜乗虚擣之、詔曰、軍事卿等、当自権衡之

『元史』に対馬という地名が明記されている。池内は、対馬到着が遅れた理由は、巨済島に半月ほど駐留していたからだと説明しているのだが、読んで字の通りで、そんなことはどこにも書かれてはいない。日本に攻め入るのなら、艦隊がまず半島最南端の巨済島、すなわちいまの鎮海湾に集結し、駐留することは当然の行動である。

この記述は『高麗史』ではなく『元史』にある。元の立場から書かれているものだ。よく読んでみよう。十八日の記事に、「遣使来言」とあるわけだから、日本行省の臣（前線本部）

からの使いが上都のクビライのもとまでやってきて口上を述べた。逓信（郵便）ではなく、使送、つまり使者本人が駅馬《えきば》（元では駅站《えきたん》・ジャムチ）を利用しながら、書状を持参し、上奏した。この史料からわかること、それは、対馬でのできごとが、はるばる合浦より旅をしてきた使者によって、クビライのいる上都にまで伝えられた日が、六月十八日だったということである。上都は、冬の都の大都（北京）よりもさらに北に二七五キロ離れている。合浦から上都までは一九〇〇キロほどはあろう。日本でいえば、福岡（博多）から札幌までの距離に相当する。使者本人が書簡を持って行くのだから、必ず就寝、休養時間が必要になる。馬を替えながら時速四キロ強、一日一二時間強を行動したとして五〇キロほどを進んだ。

私見では、使者は五月初旬、合浦を出た。五月三日に対馬に到着したという報告と、そこで得た情報を、合浦にて受けてから出発したから、五月十日頃、ないしはもう少し前に出たのではないか。一九〇〇キロを一日五〇キロで進む。三八日間かけて、翌月十八日に着く。ならば日時がぴったり整合する。使者は緒戦の状況を報告して皇帝の判断を仰ぐ必要があり、さらに指示を持ち帰った。もしも五月下旬まで巨済島に蒙古・高麗軍が滞在していたならば、どのようにしても、対馬占領後の戦況を、クビライ本人に六月十八日までに伝えることはできない。

クビライは「軍事司令官は権衡せよ」といった。軍事作戦を承認はしたが、のちの失敗を予見した詔《みことのり》だったとして記録された。

以上の考察で、池内がどのように史料を読み誤っていったのかを明らかにできたし、蒙古・高麗軍が対馬、志賀島に着いた正しい日にちも明らかにできたが、さらに一点、池内が蒙古軍は五月二十六日に壱岐に到着していると判断した史料があった。池内は記事の順序から二十三日に対馬（世界村）、ついで二十六日に壱岐という時系列を前提としたから、以下のように壱岐の記事の解釈をも誤った。

一岐島、元船の遭難

その記事は『高麗史』である。

二十六日、諸軍が壱岐に向かい、忽魯勿塔船の軍〔兵士〕百十三人・梢手《しょうしゅ》三十六人が風に遇って失われた。郎将柳庇を派遣して、元に報告した。

＊行省総把報是月二十六日諸軍、向一岐島、忽魯勿塔船、軍一百十三人梢手三十六人遭風失其所之、遣郎将柳庇、告于元

これは遭難事故の記事である。梢手三六人とあるから、三十六挺櫓クラスの船一艘で、対

馬発壱岐への増援・支援船、諸軍のなかの一隻である。この二十六日記事を池内は、蒙古・高麗軍全体のはじめての壱岐到着を示す記事と考えたようだが、そうは読めないはずで、内容は海難事故の報告である。むしろこの史料から、すでにこの段階で壱岐は蒙古側に落とされていたと読むべきである。

「忽魯勿塔」は従来、壱岐の地名であるとされていたが、該当しそうな場所はない。朝鮮(韓国)発音は **hol lo mul tap** で、忽・魯・勿いずれもモンゴル発音を漢字表記する際によく登場する。蒙古将の名前のように思われる。

行省総把《そうは》(行省＝征日本行省。総把は中隊長クラス)が高麗王朝に遭難を報じてきた。諸軍、すなわち複数艦船が壱岐に向かっていた。第一陣に補給する兵站《へいたん》部隊であろう。遭難はそのうちの蒙古人将士が乗っている船だったから、高麗もわざわざ郎将柳庇を元にまで派遣して釈明した(「告于元」)。柳庇は語学に堪能でモンゴル語によく通じ、しばしば高麗と元を往復する使者となった人物である。対馬侵攻記事さえ割愛した『高麗史』だったが、元に関わる内容だったから、兵站作戦での事故を記したのである。

東路軍の人数

弘安の役での東路軍の人数はかなり正確な数字が残されている。『高麗史』忠烈王七年(一二八一）十一月、つまり弘安の役が終了した後に、各道の按廉使が王に報告した数字である。「東征軍九千九百六十名、梢工水手一万七千二十九名、其の生還者は一万九千三百九十七名」とある。民政担当官である按廉使の王への報告であるから、実数に限りなく近い数で、むろん端数があって、丸い数字ではない。

さきにみたように、命じられた三〇〇艘分の水手などとても出せない、としていたわけだが（本書二四頁）、この梢工水手一万七〇二九名であれば、五十挺櫓としても三四〇艘分の人数となって、その数を超える。この数字では水手が兵士の倍近い。対馬に始まり、一月ほどで終わった文永の役ではそのような傾向はなかった。四ヶ月に及んだ弘安の役の場合、交替要員も動員数に含まれたのであろう。

第二節　東路軍拠点・志賀島の攻防

志賀島上陸以後

ひきつづき史料に即して志賀島上陸後の東路軍の行動を確認していきたい。この作業は神風史観の一つの柱であるところの、元軍はすべて鷹島に集結していて全滅、なる説の検証となる。

五月二十六日、日本世界村大明浦すなわち志賀島は、忻都・茶丘・金方慶らが率いる蒙古・高麗軍の上陸を許した。おそらく日本軍は博多周辺の防衛配置で手一杯で、志賀島を守備する日本兵が少なかったと考える。これまでの研究は、世界村を志賀島に比定していなかったためなのか、蒙古軍は志賀島に上陸できなかったとしてきたが、そうではない。反証その一は『蒙古襲来絵詞』で、要塞化された志賀海神社《しかうみ》横の陣地に蒙古兵が描かれている。志賀島の蒙古陣地は尖《とが》った柵列や楼門で守られていた（詳しくは後述、一七四頁）。反証その二は以下に述べる張成墓碑銘に記された、志賀島での戦功記事である。

蒙古軍は上陸し、不可欠の水を確保でき、馬の食料である草も入手できた。もし先行説がいってきたように、上陸できなかったのならば、水が得られないことになる。博多湾から撤退して壱岐に戻らざるを得ないけれど、むろんそのような事実はなく、博多湾での合戦が継続されている。

張成墓碑銘にみる志賀島海上と上陸戦

五月二十六日に志賀島上陸を許してしまった日本側は、ただちには奪還行動をとれなかったらしく、本格的な全面作戦は、六月初旬となった。

張成墓碑銘という稀有《けう》なる史料がある（元敦武校尉管軍上百戸張成墓碑銘）。参戦した張成の子らが建てた墓碑で、大正十四年（一九二五）に岩間徳也《いわまとくや》氏が金州《きんしゅう》（大連市金州《だいれん》）城外で発見した。現在は旅順《りょじゅん》博物館にあり、きわめて鮮明な拓本が池内著書に掲載されている。

張成は蘄州《きしゅう》、いまの湖北《こほく》省の人で新附軍であった。新附軍、すなわち宋より蒙古に降《くだ》った武人である。墓碑に記される彼の経歴のうちには、征日本に従事した四月から八月（日本暦閏七月）までの記録が詳細に残されている。その記録によると、六月六日に志賀島にいたわけで、六月十八日に舟山を出発する江南軍ではなく、東路軍としての作戦行動である。順次見ていこう。

六月六日に倭の志賀島に至り〔到着したところ〕、夜半に賊兵□舟〔日本〕が来襲してきた。君〔張成〕は所部〔管轄の兵〕とともに、艦〔船〕に拠って戦い、暁に至って賊の船はすなわち戻った。

＊以六月六日至倭之志賀島、夜将半賊兵□舟来襲、君与所部拠艦戦、至暁賊舟廼退

墓碑に書かれたのは張成生前の功績で、顕彰である。ここにあるのは張成率いる部隊の行動である。張成は碑文に敦武校尉（大将軍）上百戸とある。上百戸というのは元の軍制で百戸を指揮する地位である。しかしその高い地位に任じられたのは至元二十二年（一二八五）

であって、弘安の役の四年後である。弘安の役時には東路軍をすべて指揮する立場にはなく、部隊長格であって、事実、張成の志賀島到着は第一次隊が占領した日より一〇日ほど後である。

また、この墓碑には夜半とある。日本側は夜襲作戦を多用する。太陽暦七月で月齢五の日（すなわち旧暦六日）の博多湾潮汐を見ると、深夜一時前後、および昼十三時が満潮である。そして朝七時と夕方十九時が干潮である。博多から志賀島への船は引き潮に乗る。深夜、満潮から干潮に向かう潮に乗って、日本側は志賀島海岸に碇泊する艦船を攻撃した。張成も「艦に拠って戦った」と記録している。船を守っていたところを襲われた。六日の月だから、深夜を過ぎれば月明かりはない。何艘かで近づいて取り囲んだのだろう。「暁」に退いたとある。夏至に近いから九州でも朝五時に太陽が出る。潮の流れが緩やかになった頃に、敵船を離れ、引き上げた。

対応する日本側記事は多い。『壬生官務家日記抄』に

〔六月〕十六日、鎮西早馬又到来歟、異〔　〕討取三船之由申上云々、襲来〔　〕彼是展転之説也、定不〔

とある。この記事は京都で書かれたものだから、逆算すれば、六日から八日頃に博多周辺で起きた事件となる。そのころに博多発の情報が、十六日に京着の飛脚（便）に乗せられた。海上合戦で三船を討ち取ったとある。もし張成が記録した六日の一連の夜襲であれば、日本が敵・蒙古を追い落とし、捕獲できた船も三艘ほどあった。おそらくあまり兵員のいない、手薄な船を拿捕《だほ》したのだろう。

八日に賊は陸を伝って再びやってきた。（陸上にいた）張成は纏弓《まきゆみ》また弩《ど》（大弓。西洋のクロスボウのようなもの）をもち、岸に登って敵を迎え、要地を奪い占拠したから、賊は攻めることができなかった。哺（哺時＝十六時前後）に、また敵が来たが、追い返した。

＊八日賊遵陸復来、君率纏弓弩先登岸迎敵、奪占其□要賊弗能、前日哺賊軍復集、又返敗之

この日、張成部隊は陸地に上がっていた。日本側は陸からやってきたとある。海ノ中道《うみのなかみち》沿いに進んできたのか。背後に上陸して陣に迫ったのか。

明くる日（九日）も兵が来たが、張成は指揮下の兵を率いて奮戦したので、賊（日本）は敗れ、多数が殺傷されて去った。中書省より功績ごとに賞があり、特別に幣帛《へいはく》二を得た。

＊明日□大会兵来戦、君統所部入陣奮戦、賊不能□殺傷過□、賊敗去行、中書賜賞有差賜君幣帛二

張成は褒美をもらうほどの活躍をみせたようだ。

日本側は必死で志賀島の奪還作戦を遂行した。弘安四年十二月二日に、豊後国御家人右田《みぎた》能明《よしあき》から提出された手柄証明申請を豊後守護大友貞親《さだちか》が承認した文書がある（右田文書）。そこには「今年六月八日、蒙古合戦刻、自身幷下人被庇」と書かれている。自身も下人も傷を負った。劣勢は否めない。『歴代皇紀』（皇代暦ともいう。当該巻は南北朝時代の成立）には「弘安四年六月五日於鹿島合戦」とあった。鹿島はむろん志賀島である。右田文書の方には戦場の名は記されていなかったが、六月八日も博多湾（志賀島・能古島）で合戦があって、右田一族が負傷しているように、死傷者は多かった（『歴代皇紀』では八日ではなく五日になっている。合戦は六日より前からも連続していたと考えるか、八日の誤りか、である）。

この戦いは『高麗史』にも記述があって、

六月壬申〔八日〕金方慶ら、日本と戦い、斬首《ざんしゅ》するもの三百余級。翌日復《ふた》び戦い、〔洪〕茶丘の軍、敗績す。

このように、戦いの日は中国史料・日本史料・高麗史料でほぼ共通する。（五日・）六日に前哨戦《ぜんしょうせん》、八日が総力戦で、戦いは翌日までも引き続くという最大の激戦であった。「〔洪〕茶丘の軍、敗績す」、「忻都・茶丘ら累戦して不利」（『高麗史節要』）とあるから、日本が善戦したことはまちがいないが、志賀島奪還には至らなかった。

蒙古・高麗軍が志賀島に上陸していたことは明々白々なのに、なぜ上陸できなかったとする説が流布しているのか、よくわからなかったが、この記事の忻都・茶丘の敗戦を過大に評価したもののようで、日本が勝利したから、敵を鷹島に退却させたという文脈である。『高麗史』における忻都・茶丘は蒙古そのもので、高麗将の金方慶らが善戦したのに足を引っ張ったと記されているわけで、けっして東路軍全体が敗戦したわけではない。

なお、志賀島の戦いでは夜戦が多かった。『八幡愚童訓』には少弐の孫が名乗りを上げて、蒙古兵にどっと笑われた、という記事がある。武士が互いに名乗りあって合戦するという戦法は平安時代に双方の大将が一騎討ちするときなどに行われたもので、鎌倉時代にも常時行われていたとは考えにくい。八幡神の戦いのみを賛美する『八幡愚童訓』は、武士の戦いを正当に評価しないから、このように揶揄した表現をした。日本側は圧倒的に強力な敵を倒すため、多くゲリラ戦、夜襲を多用したことは、張成の記録にあるとおりである。

竹崎季長手の者の志賀島参戦は六月八日

『蒙古襲来絵詞』（後三十八紙・詞書）には、

> 同日むまの時（中略）、生の松原にて守護の見参に入て、当国一番に引付《ひきつけ》に付く。鹿嶋《（志賀島）》にさしつかはす《（遣）》手の者、同日巳刻《みのこく》に合戦を致し（中略）、［親類郎党は］いたで《（痛手）》をかぶ《（被）》り、のりむま《（乗馬）》二疋ゐころ《（射殺）》され

という記事がある。この直前に書かれていた料紙は『絵詞』からは失われており、同日とあるのが、いつのことなのか、わからないが、「当国一番に引付に付く」とあるわけだから、肥後国御家人にとっては最初の合戦であった。よって六月の一連の合戦のはじめの方だと推定できる。竹崎季長自身は合戦を終えて、午《うま》の刻（昼十一時から十三時まで）に生の松原で守護の見参を得た。いっぽう手の者（家来）はその日の巳の刻（朝九時から十一時まで）に志賀島で合戦している。眼前に能古島があって、志賀島にも達し得る生の松原が本陣だから、海路で向かった。さきの六日合戦は暁には終了したとあるから、別の日の合戦であろう。八日の志賀島は地上戦になっていて、「痛手を被り、乗馬二疋射殺され」とある。船に積んで運んだ馬が、二頭も射殺されてしまった。

該当する戦いは六月八日であろう。この季節、旧暦八日（月齢七）の博多湾干潮は八時四十分頃なので、巳の刻の合戦開始ならば、博多・生の松原から攻撃するには潮汐は最適であった。生の松原から志賀島は海上一〇キロ弱だから、手漕ぎ時速三キロで三時間強である。

だが生命に危機が及ぶほどの手痛い敗戦となった。

季長自身は早くも午の刻には帰陣しているから、より近い戦場、おそらくは能古島沖にて合戦した。能古島も蒙古側に奪われていたのだろう。この戦いが八日のものだとする推測が正しければ、この日が「一番に引付」となったのだから、肥後国御家人は六日の夜戦には参加していなかった。

竹崎季長の舞台は一貫して博多湾、志賀島か能古島であった(『絵詞』にはこの海戦を描いた場面があるから、後に検討する。一六六〜一七一頁)。

長門来襲・対馬増援

日本が逆襲をしかけている頃、六月前半には、九州よりも東方の長門に蒙古が攻めてきた。

『壬生官務家日記抄』には

〔六月十五日〕異国の賊が長門興《沖》に襲来した。

『勘仲記』には

〔六月十四日条〕（略）武家の辺りがより内々に申して云う、今日、大宰府からの飛脚が到来した。異賊の舟三百艘が長門浦に着いたということだ。鎮西をさしおいて直に着岸したということで、怖畏ばかりである、

とある。

大宰府からの飛脚が、長門浦に三〇〇艘もやってきたと注進した。本来なら大宰府管轄外の長門国の事案だが、当時は大宰府に権限が集中していた。蒙古・高麗の作戦は博多湾攻撃のみではなかった。高麗から長門には渡りやすい潮流があった。そのことは、翌建治元年、元使杜世忠《とせいちゅう》らが長門国室津《むろつ》にやってきたこと、古代にも白村江《はくそんこう》の敗戦後に長門城が築かれていること、さらにはいまでも下関《しものせき》・釜山間に関釜《かんぷ》フェリーがあることなど、古今の事例に明らかである。

長門だけではなかった。

『勘仲記』六月二十四日条に「宰府よりの飛脚が到来した。宋朝船三百余隻が、対馬嶋に着いたということだ」。大宰府から十五日頃に発信された情報で、対馬の事件はそれより一〇日くらい前、つまり五日頃のできごとであろう。

対馬は一月前に陥落していたはずだが、蒙古・高麗は構築した陣地に駐屯し、全島支配に

は至らなかった。山中に逃げた府中官人が、かろうじて早船を送ることができた。
『高麗史』に、このとし六月丙戌、つまり二十二日に

元が遣わす兵三百騎が合浦に来て戍〔守った〕

とあるので、元からのさらなる増派兵員が合浦に来たことがわかる。数は百単位で多くはない。彼らの多くは日本に向かったであろう。武士たちが博多湾の眼前に見る光景は、まだまだ一部に過ぎなかった。

『壬生官務家日記抄』六月条をみると、十六日の早馬に続いて

廿一日、鎮西早馬、去る夕べ、又到来、異国之〔　〕由申し上げると云々、早〔
廿四日、鎮西早馬、六原《六波羅》に到来し申し上げると云々、
廿七日、異国また襲来、鎮西にて合戦の由、早馬――、

とある。おそらく大規模な合戦が間断なく続き、三日に一度は早馬が出た。時間差で逆算す

れば旧暦六月十二日、十五日、十九日発となるが、最後のそれには「異国また襲来」とある。日本は志賀島奪還に失敗し、以後は攻め込まれることが多かった。

志賀島が登場する記録は中国側にもあって（『汎海小録』）、日本側の大将、少弐宗資《むねすけ》が捕虜となったとされている。

二百里を東行して志賀島下に艤《ふなよそい》した。日本兵と遇う、彼大勢は結陣して不動、千人を旋出して〔くり出して〕逆に戦うこと数十合といえり、凡《およ》そ両月、我師既に捷《はや》く前に転戦して、呼声勇気、海山を震蕩して十余万人を殺獲し、太宰《（ママ）》藤原少卿弟宗資を擒《とりこ》にした。

これによれば、蒙古軍は圧勝し、十余万人を殺獲したうえ、大宰藤原少卿弟宗資すなわち少弐経資の弟である宗資を捕虜にしたという。十余万人殺獲は中国流の誇大表現である。少弐宗資は他の史料や系図には登場しない。が、もし実在の人物であれば、北条時宗の一字を得ていた人物と思われ、少弐資能の末子で、六十歳近い時の子となる（兄少弐経資は、四代も前の執権北条経時《つねとき》から一字を得ている）。

六月二十九日・壱岐奪還作戦

東路軍は海岸堡たる志賀島の占拠には成功したが、九州本土への上陸は阻まれた。志賀島では数千人もの食料が自給できない。海上からの補給が継続された。

こうした状勢に対し、日本側は壱岐を攻撃目標にした。志賀島に兵員や武器や食料を送り続ける兵站基地を襲い、対馬・壱岐からの補給ルートを断って、志賀島を孤立させる作戦である。

この戦いに関しては、薩摩国御家人比志島時範《ひしじまときのり》、弘安五年の文書に「去年六月廿九日、蒙古人の賊船、数千余艘、壱岐嶋を襲来の時——彼嶋に渡り向かう」、同じく薩摩国御家人比志島時範および親類、弘安五年の文書に「去年六月廿九日——相共に長久の乗船に罷《まか》り乗り、壱岐島に渡候事、実正〔候〕」、肥前国 龍造寺家清《りゅうぞうじいえきよ》宛北条時定《ときさだ》書状、弘安五年の文書に「去年異賊襲来の時、七月二日に壱岐嶋瀬戸浦に於いて合戦せしむる由の事」、肥前国御家人山代栄《やましろさかえ》、弘安五年の文書に「壱岐嶋合戦」とあった。

よって六月二十九日から七月二日にかけて、日本側が敵方の拠点壱岐を攻撃したことがわかる。志賀島要塞の東路軍には正面作戦では太刀《たち》打ちできず、背後を突く作戦に切り替えた。

壱岐を攻撃する基地は博多湾ではない。肥前国松浦《まつら》郡呼子《よぶこ》、ないし名護屋《なごや》である。壱岐までは呼子から二五キロメートルで、通常、帆をかけた櫓船（一挺櫓）の場合で半日行程だった。

壱岐への作戦に従事したことがわかるのは、まず壱岐の対岸に当たる肥前国御家人、そして一部が遊軍たる薩摩国御家人ほかだった。肥前国御家人は守護である北条時定が率いたが、遊軍の薩摩勢を率いた主将格は島津《しまづ》大炊助長久《ながひさ》で、「相共に長久の乗船に罷り乗」ると書かれている。守護・島津久時《ひさとき》（久経《ひさつね》）の弟である（久時の弟には久長と長久という二人の人物がいて、作戦行動も久長が博多湾、長久が壱岐・肥前と異なっていたが、従来は混同されて同一人とされていた。詳細は後述する。一六五頁）。

『官務家日記』七月条に

十二日、異国賊船ら退散の由、風聞

とある。壱岐発として逆算すると、七月一日頃の事件の情報となる。六月末から七月初めにかけての壱岐作戦は部分的には成功したらしく、賊は退散したと京都に伝わった。

ふたたび張成墓碑銘に戻る。

自分〔張成〕の軍はいったん壱岐に戻って〔休息を取ったが〕、六月二十九日から七月二日にかけて賊が再び攻めてきた。これも退けて多くの敵の器仗《きじょう》〔武器〕を獲得した。

＊軍還至一岐島六月晦七月二日賊舟両至皆戦敗之獲器仗無□

張成が壱岐へ向かったのは、連絡、あるいは最前線から戻って消耗した武器の補給、負傷者の交替、戦死兵の補塡《ほてん》、休養のためであろう。最前線部隊と後方の壱岐駐屯地部隊が半月ほどで交替することは、軍事行動としては合理的である。六月は小の月なので、晦《みそか》（末日）は二十九日である。この日と七月二日に戦いがあったことは、日中双方の記録が一致している。『官務家日記』は日本が勝利したとするが、張成もまた圧勝したかのように記している。

京都ではやってくる情報に一喜一憂していたわけだが、『官務家日記』七月二十一日には以下のように記されている。

異国賊船、重ねて襲来の由、昨日飛脚到来云々、事体、怖畏なきにあらざるか、返すがえす驚逐

逆算すると博多発七月十三日となる。このとき京都全体が慨嘆・悲嘆にくれる情報が入ったのだ。「重ねて襲来」、西方からの新規軍、圧倒的な江南軍の出現である。想定だにできな

かった。もはや絶体絶命！

第三節　江南軍、鷹島へ

江南軍は鷹島へ

元側の史料をみると、『元史』本紀には征日本の記述そのものがないが、列伝の外夷「日本伝」ほかにまとまった記事がある。一月段階で、クビライが全体「十万」で攻めよ、と命令している。しかし出発は遅れる。江南軍が寧波を出帆した日は『元史』世祖本紀・至元十八年、六月庚寅（二十六日）に、病となった阿剌罕《アラカン》に替えて阿塔海《アタハイ》が軍馬を統率して日本を征したとある。『高麗史』には六月十八日とあって、八日のずれがあるが、順次出発したものか。兵員数は『元史』洪俊奇伝に、「右丞范文虎《はんぶんこ》将兵十万」とある。『元史』阿剌罕伝では「蒙古軍四十万」と、四倍である。『高麗史』には「范文虎亦以戦艦三千五百艘、蛮軍十余万、来会」とある。

一月指令の段階では東路軍と江南軍を併せて一〇万のはずだったが、「范文虎将兵十万」「蛮軍十余万」だから、いつしか江南軍（蛮軍）のみで十余万になっている。のちには唱歌にも歌われた「十万余」なる数字だが、丸い数字で大軍を示す常套表現かもしれない。船の数について、上記『高麗史』は戦艦三五〇〇艘としている。大小あわせての数であるから、大船は一二〇〇艘弱で、仮に五十挺櫓、一〇〇人の兵士と五〇人の水夫が乗ったとして、兵士のみなら一二万、水手が六万で、全体なら一八万人となる。正史ではないが、『元韃攻日本敗北歌』では

大船七千隻、(中略) 船僅回〔迴〕四百余隻、二十万人、在白骨山上、無船渡帰

とある。大船七〇〇〇隻など、旧宋側の詩人が元を非難して作った「敗北の歌」だったからこそ許される誇大表示で、七〇万人以上になってしまう。むろん読み手もそのように受け取った。戦争に関わる数字は実数より増え続ける。出帆した船の数は当面不明である。東路軍側には「東征軍九千九百六十名、梢工水手一万七千二十九名」という確かな数字がある(六二頁)。これに蒙漢軍が加わったから、東路軍は兵士のみなら一万数千の規模か。江南軍はさらにこれよりも多かったであろうけれど、二倍程度とすれば、二方面軍あわせて三万人強か。これに、戦闘に参加しない水手が加わった(水手がいなければ海を往復できないから、水手は戦死しないことが大前提である)。

少弐景資の五〇〇騎(一五〇〇人)から考えれば、九州にいた日本兵力はざっと三万人ほ

どか。東路軍のみならば博多上陸はかろうじて阻止できたが、江南軍が加われば、蒙古側、元軍の圧倒的優勢は否定できない。

鷹島到着

江南軍は六月十八日に舟山を発した(『高麗史』)。『元史』の記述では二十六日発である。以後の動きは明記されていないが、七昼夜の航海にて日本に着いたとされる。二十一日頃には済州島、二十五日すぎに五島《ごとう》北端(小値賀島・宇久島)着と考える。馬は大量の水を必要とするから、何百頭も乗っていれば、島ごとでの水補給が必要だったし、食料として草も食べさせた。江南軍は五島北端を経て平戸島に着く。対馬・壱岐同様に、そこで小規模な合戦があったとみるべきだが、日本側の記録は全くない。肥前国御家人は呼子半島に動員されて、壱岐への反撃に集中していたから、小規模な警戒態勢しかとれなかった。事実上は無抵抗であった。五島でも平戸でも、住民側はたやすく従ったように思われる。七月初めに平戸島、七月十五日頃鷹島着と考えたい。そこに連絡部隊である張成部隊がやってきた。

張成部隊鷹島移動の意味

上記につづく張成墓碑銘に

七月二十七日に打可島に移ったが、敵が再びやってきた。張成は艦船の態勢を整えて所部を集め、日から夜を継いで鏖戦《おうせん》（みなごろし）をするような激しい戦いをし、明け方になってやっと敵は退いた。

＊二十七日移軍至打可島、賊舟復集、君整艦集所部、日以継夜鏖戦、至明賊舟始退

とある。

七月二十七日に張成は鷹島・打可島（寧波発音 dakaedao）に移動している。池内宏『元寇の新研究』はこれを全軍の動きと解釈して、東路軍が志賀島から鷹島に移動したとしたわけである。しかし墓誌に記されたのは、張成が率いた部隊の行動である。志賀島にいた東路軍全体の行動ではない。

また『元史』相威伝には

征倭七昼夜至竹島、与遼陽省臣兵合、欲先攻太宰府《ママ》、遅疑不発、

とある。池内はこれを竹島（鷹島）にて江南軍が「遼陽省臣兵」と合流した、と読んだけれ

ど、そうではなく、志賀島にいる遼陽省臣兵と合流して大宰府を攻めようとしていたが、「遅疑不発」、つまりためらっていて決行できなかった、と解釈すべきである。遼陽省は元のもとに置かれた省（直轄地。現在の遼寧省、吉林省、黒竜江省に至る広域を指す）であって、東路軍の一部となる。竹島は江南軍の進路の一過程にすぎない。目標は博多湾にて待機する遼陽省臣兵（東路軍）との合流であったが、台風とつづく敗戦で、実現できなかった。二方面からの元軍が、竹島で合流したわけではない。

博多湾から全軍鷹島移動は誤り

池内の誤解の背景にはほかにも、東路軍が鷹島に合流したとする日本側史料の存在がある。さきに本書が、創作性がたぶんにあって、史料としての価値が低いと批判した『八幡愚童訓』が、それである。

其後、蒙古ハ遥ノ興（沖）、鷹島へ漕寄ス

池内が東路軍の鷹島集結を確信した根拠のうち、一点目（張成墓碑銘）は全体の動きを示すものではなかったし、もう一点（『元史』）は誤読である。三点目であるこの記事は、『八幡愚童訓』における記述なのである。創作文芸である『八幡愚童訓』を史実として認めてしまうと、歴史像が極端に歪《ゆが》むことは、これまでもくりかえし述べた。文永の役で蒙古（東路軍）が平戸や鷹島に行ったなどと、あり得ないことが綴《つづ》られている（『伏敵編』）。十月二十日夜に一夜で退却したとする文永の役の全体像も、またしかり。

『八幡愚童訓』の使命は、神話の完成であった。神の力のPRである。鷹島にて一気に蒙古軍が全滅した、とすればドラマ性がいや増す。

もし全軍が鷹島に移ったのなら、志賀島は放棄されたことになる。五月以来、六月、七月と二ヶ月以上にわたって死守してきた重要拠点である。極端な敗戦もないのに、わざわざ有利な拠点を捨てるだろうか。完全な後退に見えるし、作戦としても稚拙に過ぎる。

本営は博多湾生の松原

戦線がすべて鷹島に移ったとした場合に、絶対に説明不可能な事象がある。弘安四年閏七月五日、嵐の後に竹崎季長、菊池一族、安達盛宗《あだちもりむね》らが、博多湾南岸、生の松原に在陣していたことである。

『蒙古襲来絵詞』に「季長が兵船に生の松原より乗りける人々」「閏七月五日御厨《みくりや》の海上合戦に酉の時におし向かって合戦をいたす」とある。もし七月の終わりで、博多湾から敵が立

図１　閏７月５日、季長兵船は博多湾、生の松原より出発、酉の刻に戦場に着いた

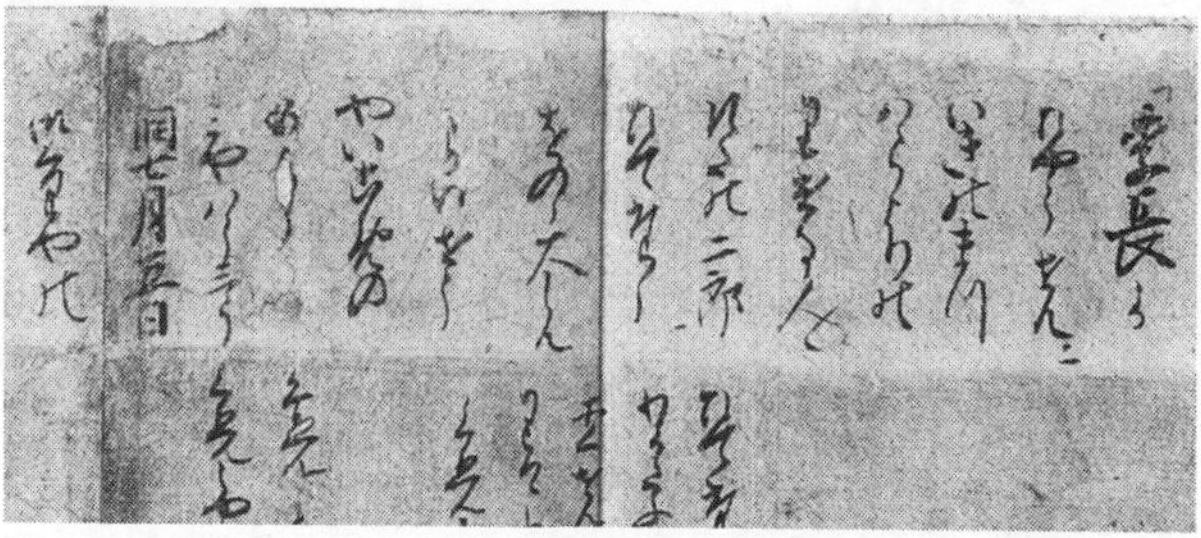

図２　図１の注記部分を拡大したもの。季長兵船は博多湾、生の松原から出発する

ち去っていたのならば、なぜ彼らは敵を追うことなく、博多湾に留まっていたのか。それはつまり、敵の本隊が博多湾に残留していたからであろう。だからこそ、そこに対陣し、合戦もしたのである。

ところが池内説では、季長が向かった先、つまり『絵詞』に「御厨の海上合戦に」とある「御厨」を、松浦市御厨のことだとした。鷹島の南岸にたしかにその地名はあり、以後の研究者も池内説に従った。竹崎季長たちの最終決戦は鷹島だとされた。そうだとすると、生の松原にいた竹崎季長は、船で鷹島（御厨）まで行った、となる。直線なら七〇キロメートル近く（見通しが利き、かつ順風時、卓越した東風のみ可能。夏に東風は期待できない）、通常の潮（沿岸流）を利用する沿岸航海なら、一二〇キロはある。対馬と高麗の距離が五〇キロだから、それ以上の距離だ。『絵詞』にあるように、手漕ぎの兵船なのだから、時速四キロで行けたとしても沿岸伝いで三十時間を要する。水夫は休むことも寝ることもなく、一昼夜以上を漕ぎ続けたのだろうか。当時は夜間に沿岸航海はしなかったから、ほとんど不可能と考える。

御厨は普通名詞である。博多湾の島、志賀島も能古島もまた御厨であった。厨は台所の意味だが、御厨は天皇家や伊勢《いせ》神宮のような貴族・神社に食料（神社なら神饌《しんせん》）を納入した庄園の一種で、海や山の産物を京都や伊勢に送った。各地の島の多くは御厨に設定されていた。志賀島は天皇家の庄園である長講堂《ちょうこうどう》領であった。古く万葉集に筑前志賀の白水郎《あま》（海人《あま》）の歌が載せられている。御厨の要件を備えている。

「志賀島御厨」と表現した記録はたしかに残されていないけれど、博多湾で隣接する能古島を、筑前住吉宮の御厨と記した史料が残されている（「能護嶋為御厨所領」『平安遺文』所収、年号を天平《てんぴょう》に仮託）。御厨海上（御厨沖）は博多湾を指すのだ。

すなわち『蒙古襲来絵詞』に記された御厨海上は、鷹島対岸の御厨を指してはいない。ここでの「御厨海上」は能古島御厨と志賀島御厨があった博多湾、能古島・志賀島沖を指す。『絵詞』には「酉の時におし向かって」とあった。酉の刻、夕方六時までに戦場（御厨海上＝博多湾沖）に達しなければならない。この季節の旧暦五日、月齢四の日の博多湾干潮は十七時四十一分であるから、まさしく酉の刻まで潮に乗って敵船に近づいていった。『絵詞』での兵船を水主が漕ぐ画面は、緊張に満ちて、一刻を争う様子がよくわかる。鷹島までの距離を、帆もかけずに漕ぎ続けるなど、あり得ないし、漕ぎきることができたとも思えない。

たしかに張成の部隊は鷹島に移動した。張成は台風後に逃亡した范文虎の後に蒙古軍の司令官（総管）となっているから、それなりの部隊を率いた人物であるけれど、この段階では連絡や補給を兼ねた支援部隊であった。墓碑に書かれたのは張成の移動である。最強の要塞、海岸堡たる志賀島は、依然、高麗・蒙古軍＝東路軍によって維持されており、いつでも大宰府を狙い得る拠点であった。張成墓碑銘は張成が参戦しなかった軍事行動までを記す必要はなかったのである。

東路軍は大明浦で嵐に遭遇

東路軍すなわち高麗軍の動向を記す『高麗史』のうち、金方慶伝では、蛮軍（江南軍）の行動として「大風に値《あ》って」、「蛮軍みな溺死《できし》す」と書いている。『高麗史』では「高麗」「蛮子」の両者を使い分けている。蛮軍には高麗軍は含まれない。金周鼎伝では「大明浦」（志賀島）に至って嵐にあったとするが、鷹島・打可島なる地名は登場しない。東路軍は大明浦にて嵐、蛮軍は全滅と書き分けられている。

なおほかにも一点、従来の研究者が季長の最終戦場を鷹島と判断した史料解釈があるが、これは暴風後の動向に関わるので、後述する（九六～九八頁）。

江南軍の目的地、攻撃目標はあくまで大宰府で、戦略基地は大宰府至近の博多湾である。博多湾集結が当面の目標であった。鷹島集結では戦略的な意義がない。鷹島集結を目的にしていたというのは、鷹島で船が沈んで終戦に至ったという結果からの憶測だろう。『八幡愚童訓』がそう記したように、蒙古殲滅譚には鷹島全軍集結がふさわしかった。事実は、江南軍はさらに東に向かい、東路軍との合流をめざしていた。

創作文学である『八幡愚童訓』は史実の確定には有害でしかない。

第四節　閏七月一日の暴風

台風による船の沈没

日本暦閏七月一日、元暦では八月一日に台風がきて、鷹島沖に碇泊していた艦船が沈没した。

『元史』日本伝に「八月一日、風破舟」、『元史』相威伝に「八月朔、颱風大作士卒喪十七」とある。張成墓碑銘にも「八月一日になって海風が舟を壊し、軍は京に引き返した」とあった。元の史書にも、以下の日本の史料にも記載されており、鷹島海岸・海底遺物によっても台風被害と蒙古船沈没のことは、確定された史実である。

＊なお元暦と日本暦が異なる月になったのは、日本の暦家が退閏《たいじゅん》という作為を行ったからである。章首ののちに、最初にくる閏八月を例がないとして避け、七月を閏月とする操作を行った。章は十九太陽年（メトン周期、この間に閏月を七回設ける）を意味し、章首は朔旦《さくたん》冬至《とうじ》に始まる（月齢、つまり太陰暦によって定まる朔日が、太陽暦で定まる冬至に一致し、吉祥とされた）。三年前の弘安元年元旦が章首であった。退閏の結果、日本暦は七月→閏七月→八月となり、元暦では七月→八月→閏八月となった。

張成墓碑銘は顕彰文である。これまでに引用してきた箇所では、終始、厳しい戦況のなかを勇敢に戦ったと記していた。しかし八月一日、船をも破壊するはげしい嵐によってやむなく退却した。つまり勇敢さの欠如や作戦の不手際による敗北ではなく、台風という自然現象、不可抗力による退却だった。正当化され、不名誉ではないとされる。諸将の「列伝」でも「顕彰碑文」でも、異口同音に台風による損害が強調された。史実にまちがいないが、やはりこれも誇大化される傾向にあった。

上古第三度

閏七月一日（日本暦・太陰太陽暦）は西暦（太陽暦）・グレゴリウス暦の八月二十三日（ユリウス暦十六日）にあたる。嵐は九州を襲った後、京都でも吹き荒れた。

『勘仲記』閏七月

一日　雨降、夜に入り暴風大雨、妖の如《ごと》く叩の如く、終夜休まず、直《じき》なることに匪《あら》ざるなり

二日　去夜は終夜、風雨太し

広橋兼仲は二日にわたって嵐の記事を書きとどめた。通常、日記は一日の記事は就寝前かあるいは翌朝に記す。一日の夜になって京都では暴風となった。「不気味なまでに、叩くように」激しく降る雨を伴った。翌日二日にも（つまり二日の夜にも）、再度「去夜は終夜のひどい風雨だった」とくり返している。よほどひどい嵐とわかる。

『一代要記』という編纂記録には

一日（略）甚雨大風、自上古第三度、

とある。この大嵐は、上古からの記録を見ても、三指には必ず入るという規模だった。

鷹島では暴風は南風から東風に

台風は京都では一日の夜に入ってから嵐となった。九州では三十日夜から強風が吹き始めたらしいが、ピークは一日である。『関東評定伝』にも「同三十日夜翌日閏七月一日大風」とある。九州から関西へ、六〇〇キロを移動した。台風は時計の逆向きに渦を巻きながら、南西から北上し、北東方向に進む。

鷹島海岸近くの海底に蒙古船が沈んでいる。風向きは、鷹島沖海中に沈む椗《てい》（木製で、重しの石が付いたイカリ）や船の方向から推測できる。一九九六年に鷹島沖海底（神崎沖）では椗が四つ連続して並ぶ形で出土した。いずれもほぼ南北方向に並んで沈んでおり、椗索《ていさく》（綱を結ぶ穴）が北側に、椗歯（下になる部分）が南側にあった。碇綱《ていこう》の長さは船の長さの三倍が適切とされている。わずか八メートルの距離に四つもの椗が重なるように並ぶということは、この四椗が一隻の船から投錨《とうびょう》されたものであることを示していよう。一つの椗では止まりきらずに、次々に投下したのだろうか。北側に四椗に繋《つな》がれた船があったことは明らかで、そのときは南から風が吹き込んでいた。

調査では、ほかにもその周囲で五つの椗が出土している。こちらは距離が比較的離れていて、相互に一〇メートル以上の距離がある。五つは一隻分の椗のようにみえる。南北の位置関係にはなく、むしろ東西に分布する。台風の進行によって風向きが変わって、南から次第に東の強風になったのであろう。

いっぽう二〇〇一年には隔壁板・マストステップ・外板が見つかっている。船体が分解したようで、船材がばらばらに沈んでいた。この船の碇石らしきもの一対が、南東二〇メートル強の位置に見つかっている。するとこの時の風は南東であったことになろう。

竜骨が見つかった沈没船は、一号船はほぼ東西に、二号船はほぼ南北の方向で沈んでいた。

二号船は船首が南側で、船尾が北だった。

これら鷹島沖海底の沈没船二隻と、椗それぞれの位置から判断すると、南から南東、そして東の風へと移る時間帯に、次々に船が沈んでいった様子が想定できる。

鷹島は九州の北西端である。風向きから判断すれば、台風の目は鷹島の北、直近を通過したようだ。「上古第三度」とまでいわれたこの大型台風は、北東・日本海方向に向かわず、山陰地方を東北東に向かい、京都の北に抜けていったことになる。典型的な台風の進路と比べれば異例で、北には向かわず、東に向かったことになり、例外的な進路のようにも思われる。

台風の進路の右側を危険半円、左側を可航半円と呼ぶ。進路の右が最も危険で、左であれば比較的に安全とされる。上記推定進路であれば、鷹島も志賀島も危険半円に入った。

神の御加護に舞い上がる貴族ら

一日についての日本側史料をみる。『壬生官務家日記抄』は以下のように記している。

弘安四年閏七月十一日

（中略）

異国賊船は去る一日夜、大風に逢って大略が漂没、破損の船は済々《さいさい》、打寄せらるるの由、鎮西飛脚、一昨日歟に到来の間、上下大慶の由、謳歌《おうか》するものなり、誠に以て左右あたわず。

＊鎮西からの飛脚が一昨日（つまり九日）だかに、到着した。異国船は一日の夜に大風にあってほとんどが漂没した。破損した船は済々、多く打ち寄せられた。上も下も大喜びで、謳歌している。うれしすぎて、あれやこれや考えられない。

十二日、去夜、鎮西飛脚到来すと云々、蒙古賊は、皆以て滅亡、残る所の二千余人は降人となる由、申上ぐると云々、冥助の至、左右あたわざる事也、

＊昨夜十一日に鎮西から続報が届いた。蒙古の賊は全滅した。残った二千人は降参して捕虜になった。神様の思し召しだ。うれしや、うれしや。

廿一日、関東より差遣さる鎮西使者、両人、今日上洛す、異国賊、残るところなく誅《ちゅう》し了《おわ》るの由申上ぐると云々、実説なお尋るべし、

＊関東から鎮西に派遣していた使者が京都に戻った。異国の賊はすべて誅したという報告であった。なお、詳しいこと、ほんとうのことを尋ねてみたい。

嵐の後だったから通信は混乱したであろうが、早くも九日（「一昨日」）には吉報が到着していた。そのことは以下の叡尊《えいそん》記事でも確認される。

西大寺叡尊

叡尊は京都にて、いち早く台風通過と蒙古船の被害を知った。『感身学正記《かんしんがくしょうき》』（叡尊伝記）にはこう記されている。

〔閏七月〕九日、大夫政康《まさやす》、使者をもって示して曰《いわ》く、異国兵船、去一日大風、皆破損畢云々

叡尊は律宗《りっしゅう》のリーダーで、幕府の要請を受けて、異国調伏《ちょうぶく》（調伏は、仏に祈って敵を撃破すること）を行っていた。浄住寺《じょうじゅうじ》（京都）にいた彼に、勝利の情報を伝えた政康なる人物は、六波羅評定衆・三善備後民部大夫《みよしびんごみんぶだゆう》政康である。幕府中枢の人で、かつ熱心な叡尊の信者であって、叡尊がいた西大寺《さいだいじ》（奈良）に、山城国相楽郡《やましろのくにそうらく》の土地を寄進している（『西大寺田園目録』相楽郡天山杣内一所）。京都で真っ先に情報を受け取った六波羅探題首脳が、ただちに叡

尊のところに使者を出して知らせていた。

いっぽう『勘仲記』の記者、広橋兼仲が知ったのは、なぜか一三日後と遅かった。

『勘仲記』の場合

『勘仲記』弘安四年閏七月条

十四日丁丑　夜より雨降る（略）、宰府よりの飛脚が到来、去る朔日に大風が動き、彼の賊船は多く漂没すと云々、誅戮ならびに生虜数千人、壱岐対馬は一艘といえどもこれ無し、下居するところの異賊は多く以て損命、或《ある》いは又生虜せらる、今度の事は神鑑柄焉の至り也、天下の大慶、何事か、これに過ぐべきか、直なる事にあらざる也、末代といえども猶、やんごとなきなり、いよいよ神明仏陀を尊崇すべきものか、

＊大宰府から飛脚が到来した。去る一日に大風が動き、賊の船は多く漂没したそうだ。殺戮と生捕りとあわせて数千人、占領されていた壱岐・対馬には一艘もいない。船から降りていた異賊も多くは命を失うか、あるいは生捕りになった。この度のことで、神の力がはっきりと示された。天下の喜び、これにすぐるものはない。末代までもやんごとないこと、いよいよ神仏を仰ぎ尊びたい。

『勘仲記』十四日記事には、朔日の大風記事が含まれているが、それのみならず、対馬・壱岐の記事を含む。蒙古軍のいない呼子・名護屋から壱岐まで舟を出したのであろう。占領されていた対馬・壱岐から、敵船がいなくなったと報告しているから、事態は六日以降のことであり、それを報告している。対馬までは足を運ばず、壱岐での伝聞で報告したのかもしれない。相当に早い伝達であった。

日蓮の目線・台風は大凶事

同時代の人、日蓮も嵐の渦中にいた。伝聞で「鎮西には大風吹候て、浦々島々に破損の船が充満」と記した。さらに「日本国の凶事」としている。収穫目前の九州および西日本の人々には、あまりに過酷な被害が出た。神のおかげと喜ぶ貴族たちと、民らの被害を強調する日蓮は、視線が完全に反対だった。

日蓮は、それ以前、文永の役に関しても手厳しい。

「去文永十一年に、つはもの、大蒙古よりよせて、日本国の兵を多くほろぼすのみならず、八幡の宮殿すでにやかれぬ。其時何《なんぞ》彼国の兵を罰し給はざるや。まさに知べし。彼国の大王は此国の神に勝《すぐれ》たる事あきらけし」(『諫暁八幡抄《かんぎょうはちまんしょう》』)

書名に「諫暁八幡」とある。八幡神の信仰上の過ちをさとす「諫暁」が目的であるという意味であろう。文永合戦の際に筥崎八幡宮が焼亡したことを聞いて、蒙古の大王の方が力は上ではないかといった。筥崎八幡宮は霊的力がないのだから、異国に焼かれた、はっきりしている、ともいっている。弘安の嵐に関しても、幕府の命によって祈禱《きとう》を続けてきた叡尊らが、自身の手柄だと吹聴《ふいちょう》することを、日蓮は許せなかった。

第五節　台風後の死闘

蒙古軍追撃の意思決定まで

一日の暴風を受けて、日本側は五日に博多湾総攻撃、二日おいて七日に鷹島総攻撃を行った。その作戦決定の過程がわかる記述が『蒙古襲来絵詞』のなかにある。

閏七月五日、関東御使である合田《こうだ》五郎遠俊《とおとし》と安東《あんどう》左衛門二郎重綱《しげつな》が払暁《ふつぎょう》、つまり明け方にやってきて季長と会談した。彼らは東国の武士であり（のち徳治《とくじ》二年〈一三〇七〉の相模円覚寺文書に合田五郎左衛門尉、正安《しょうあん》三年〈一三〇一〉の常陸《ひたち》・鹿島《かしま》神宮文書に安東左衛門尉重綱の名が見えている）、関東（鎌倉幕府）の使として、鎌倉からやってきた。ただし五日以前にどこにいたのかはわからない。

季長たちがこの間に生の松原にいたことは、『絵詞』の注記に明らかで、関東御使も生の松原にやってきた。その生の松原本営に肥前国の御家人もやってきた。この肥前の御家人は自国である肥前方面軍の任務として肥前鷹島作戦に従事しており、筑前生の松原に来た関東御使および少弐経資らに肥前鷹島の状況を報告に来たのである。したがって季長にしてみれば、筑前・肥後ほかの御家人のように、日々の行動を共にしていたわけではないから、親しみが薄く、それで「其名わする（忘れる）」と書かれている。季長も一度あったかぎりの侍は、その名前を忘れたのである。

鷹島のある伊万里《いまり》湾岸（鷹島口）から生の松原までは、陸路で九〇キロある。使者本人が来るのなら、交換しながら馬を使用しても十五時間は必要だろう。おそらく閏七月三日の状況を報告するため、四日早朝に出発して四日の深夜に到着していたと推測できる。よって彼が語った報告内容は、三日の伊万里湾、鷹島の状況である。

名前を忘れられた肥前御家人は、「鷹島の西ノ浦《にしのうら》より破《わ》れ残り候船に、賊徒あまた、こみ乗り候を、払ひのけて、しかるべき物どもと覚え候（を）乗せて、はや逃げ帰り候」と報告した。蒙古は既に退却している。それも大将格から逃げ出しているという。『元史』日本伝によれば、総司令官であった范文虎が「堅好」の船（頑丈な船）に乗って、真っ先に逃げ出した日は五日となっている。すると、『元史』が記した五日よりも早く、三日には既に退却を開始していたようだ。これを聞いた季長は「「仰せのごとくはらひのけ候は、歩兵《ふひょう》と覚え候。船に乗せ候はよきものにてぞ、候らん。これを一人もうちとどめたくこそ候へ」（船に乗っている人物こそ大将格である、これを一人でも討ち取たい）と申すに、合田の五郎、「異賊はや逃げ帰り候と申し候。勢《ぜい》をさしむけたく候（異賊は留まる様子はない、逃げ帰ろうとしている、よって追撃の軍勢を派遣したい）と少弐殿へ申すべし」とて使者を遣はす――」とある。少弐経資は生の松原陣にはおらず、おそらく八キロ東方の大宰府警固所にいた。少弐に伝達したうえで、引き潮となる時間帯、すなわち昼十二時以降に作戦行動が開始された。台風通過後も、それまでは敵の動きがつかめず、様子見であった。

ただし季長自身がこの早急な決定を予想していなかった。季長の兵船は生の松原ではなく、博多湾に注ぐ川の河口干潟に置いてあったらしく、全軍の出発時刻までに到着できなかった。『絵詞』に「季長が兵船、いまだ回らざりし程に、せんばうを失ひしところ」とある。焦った季長は他の船に乗りながら敵船までたどり着く。ただし少し遅れて、季長兵船も飛田秀忠《ひだひでただ》や小野頼承《おのらいしょう》をのせて出発している。「秀忠は賊船に乗り移りて、分取《ぶんどり》」とあるように、若干遅れたものの、彼らも十分な活躍はできた。

これまでの研究者は、肥前御家人が語った鷹島の状況を受けて作戦が開始されているから、作戦地は鷹島であると解釈していた。単純で短絡的な解釈である。それなら、生の松原の前方、博多湾に蒙古船はいなかったことになる。志賀島に敵船がいれば、その掃討が優先される。いなければ鷹島に向かってもよい。

博多湾に敵船がいないのなら、なぜ季長や菊池勢が生の松原に在陣していたのか、関東使が生の松原にやってきて、軍議が行われたのか、が問題になる。敵が鷹島に集結しているのなら、敵のいない博多湾で待機する必要などあったのかということになろう。当然、敵船（東路軍）は博多湾にいるのである。

肥前御家人の報告、すなわち蒙古に戦闘継続の意思はない、一部はすでに退却したことを確認したうえで、博多湾にいる船団を追撃する作戦を開始した。それまで志賀島奪還作戦はことごとく失敗していたのだから、台風後の敵船の動向を確認する必要があった。目視できる限りでは博多湾・志賀島の動向に大きな変化はなかった。

また、日本側の船も嵐によって相当に破損していた。五日の船はみな定員過剰で、季長はことごとく乗船を拒否されている。船不足は決定的だった。船の被害も把握して、動員可能な兵力、乗船可能な兵力を把握しておかなければならない。

博多湾では五日早朝の軍議を受けて、その日の夕刻には作戦を遂行できたが、鷹島作戦の方は五日にはまにあわず、二日遅れた七日になった。肥前本営は五日夕刻か六日早朝に生の松原にいる関東使からの指令を受けた。それを受けて唐津《からつ》、呼子、名護屋、仮屋《かりや》湾など肥前各地に配置されていた諸軍を鷹島対岸に集結させるまでには、どうしてもなお一日が必要だった。

台風後の二つの死闘――博多湾合戦と鷹島合戦

台風通過後に、閏七月五日の博多湾海戦と閏七月七日の鷹島合戦があった。この両者は全く別の場所での合戦である。前者については『蒙古襲来絵詞』にみえる。第五章で詳述しよう。

鷹島全滅を前提とするこれまでの研究は、『蒙古襲来絵詞』の最終場面を鷹島沖合戦と考えていたけれど誤りで、博多湾海戦である。『絵詞』はそこで終わる。博多湾、生の松原に滞陣していて、怪我もした季長が鷹島沖へ参戦することはなかった。

鷹島合戦について日本側の参戦当事者による史料が三点ある。まずは武雄《たけお》神社文書で、肥前国御家人の黒尾《くろお》社大宮司藤原資門《すけかど》が言上した。

> 去弘安四年異賊合戦事について、手柄をたてたので勲功賞にあずかりたい。千崎《ちざき》息(沖)にて賊船に乗移り、資門は疵を被ったが、生虜が一人、分取が一人です。また鷹島の棟原に攻上り、合戦の忠を致しましたが、生虜が二人です。

「千崎沖において賊船に乗り移った」とある。千崎は現在の長崎県松浦市星賀町津崎鼻《つざきはな》である。筑紫をツクシともチクシともいうのはti音とtu音の互換があるからだろう。千崎・津崎にもti・tu音互換があった。沖、つまり千崎から出発した先である。申請した資門も、傷を負った。勇敢に立ち向かったとして高く評価されるはずである。

敵の船の上で負傷した。しかしリタイアするほどではなかったようで、その兵団はさらに鷹島に上陸して、楝原（位置不明）で二名を生け捕った。証言してくれる人がいるはずだから探してほしい、といっている。

次には「都甲《とごう》文書」のなかの豊後国御家人・都甲惟親《これちか》（寂妙）の言上状がある。

去る弘安四年、後〔＝閏〕七月七日の肥前国鷹島、蒙古合戦事について言上します。蒙古凶徒が、肥前国鷹嶋に着岸したので、当国〔肥前〕星鹿《ほしか》に馳せつけ、巳時に寂妙が鷹島に渡り、東浜にて合戦の忠を致し、寂妙子息惟遠《これとお》が〔敵の首の〕分取をしました。さらに郎従〔家来の〕重遠は疵を被り、旗差《はたさし》下人一人、末守《すえもり》も疵を被った。これらの次第は肥前の二名の御家人が確認してくれている。早く注進してください。

弘安九年三月　日　　沙弥寂妙（都甲惟親）（花押）

まずは星鹿に駆けつけた。巳時、つまり午前十時前後には鷹島に上陸して、東浜で合戦が始まった。東浜とは元船が沈没している神崎周辺をいうのであろうか。

また、薩摩国御家人比志島時範および親類の史料に

次月七月七日鷹嶋合戦之時、自陸地馳向事

とするものがあって、ここでは陸戦と明記されている。

出発地は「当国星鹿」「千崎」であった。肥前鷹島には、東側に西松浦郡星賀《ほしか》があり、西側にも北松浦郡星鹿《ほしか》という地名があって、ともに「ほしか」というが、千崎に近いのは西側の星鹿で、千崎のわずか南一キロの地点である。千崎・星鹿から東南側が伊万里湾となるから、湾口に位置するといえる。ただし東浜で合戦したとある。東浜に近いのは、東方に当たる西松浦郡星賀の方である。

いずれの場合でも湾口から蒙古船のいる湾内に向かうから、満ち潮に乗っていく。西の星鹿から鷹島へは、西岸までは四キロ、東岸までならば八キロはある。閏七月七日、同じ季節で月齢六の日の伊万里湾は、満潮が深夜零時と午後の十三時、干潮が朝の六時半と夕方の十八時であった。巳時に鷹島に渡ったというのは、湾奥に向かって満ちていく潮に乗ったこと

を意味する。「賊船」と戦ったとある。当然ながら、蒙古側にも、沈んでいない船（艦隊）はある。千崎と鷹島の間には、青島《あおしま》・伊豆島《いずしま》・魚固島《おごのしま》が海峡に点在する。満ち潮の時間帯は、島々の間を潮が流れてくる。蒙古側が満ち潮に逆行して、伊万里湾から外に出ることは容易ではなかった。この時間帯であれば蒙古側の退路を阻むことができる。封鎖状態である。

さて、みてきた通り、当事者誰一人、神の戦いとはひと言もいっていない。神の戦いで決着がついたのなら、嵐が吹いた一日には終戦になるはずだが、彼ら日本軍はなおも戦いつづけ、それも多くの参戦者が負傷するほど、激しい戦いを強いられた。一方の貴族たちは、一日夜に決着がついたとし、神のおかげだと手放しで喜んでいる。それまでわずかな善戦情報でも喜んでいたわけだから、今度の確実らしき情報には驚喜した。そのような京都の貴族の対応と、五日また七日に、なおも残る必死の敵と死にものぐるいで戦い、重い怪我を負った御家人の意識との間には、相当な隔たりがあった。戦争の本質は当事者（御家人）、前線の兵のみが語っている。

もし蒙古軍が嵐に疲弊し、船の沈没にただちに帰国を断念していたのならば、ここまでの死闘を展開しただろうか。蒙古側の選択肢には戦争継続もあったし、少なくとも揃っての帰国は可能と考えていただろう。

この時まで向かうところ敵がなかった蒙古軍は、日本軍が襲ってきても卓越する武器で一帰できる、いつでも撃退できると思いながら、対岸の伊万里湾岸に反撃する機会をうかがっていた。船は何艘も失ったが、これまでどおり戦って勝利を収め、敵の船を何隻か奪えれば、帰国はできる。

戦いは当初には互角で、日本側に多数の死傷者が出ている。

＊五条文書に弘安七年四月十二日少弐景資書状なる文書があって、鷹島合戦の様子が書かれており、利用する研究者もいたが、偽文書である。少弐景資が筑後御家人を軍事指揮したことになっているが、筑後守護は景資ではなく、北条宗政《むねまさ》だったはずである。末尾に「可致〇〇起請文候、〇〇〇〇」とあり、欠損箇所を〇で表記しているが、このような類例はほかに見たこともない。写真をみれば一目瞭然で、不自然さがわかる。

第六節　海底遺跡が語ること

殿前司軍・海底遺物の文字

長崎県松浦市鷹島・神崎沖の海底からは、蒙古軍の遺品「てつはう」（鉄砲）や、銅印などが引き上げられている。銅印印面は元のパスパ文字（クビライの命でチベット人僧パスパが作ったもの）によって「管軍総把印」（総把は中隊長級将官の意）と書かれ、側面には漢字で

「至元十四年九月造」(至元十四年は一二七七年)と彫られている。付近から出土した漆器椀《わん》高台には「辛酉四明諸二郎造」、「張」、「庚□□南如□□□」などの文字銘があった。辛酉は世祖中統《ちゅうとう》二年(一二六一、日本弘長《こうちょう》元年)で、四明は中国寧波を指す。黒漆塗り木製品(「弩弓《どきゅう》」とされる)の側面には「元年殿司修　検視訖官□」銘が朱色の漆で記されていた。「殿司」とは南宋の「殿前都指揮使司」(殿前司)の略称で、大宋皇帝直属たる禁軍の主力であり、南宋降将・范文虎はその長官、「殿前都指揮使」であった。すなわち宋の皇帝直轄部隊が、そのまま征日本軍に移行していた。

ほか「王百戸」墨書銘のある青磁碗も出ている。百戸は元の将校の階級で、兵一〇〇人を指揮する幹部である。また青玉製の雄雌鹿像や白玉製獅子像《ししぞう》など、兵士というよりは将校クラスが持っていたような品も見つかっている。

このように鷹島・神崎沖の海底から出土した遺物に書かれた文字は、征日本軍(江南軍・蛮軍)＝旧殿前司軍という性格を明瞭に示す。

南宋滅亡の際、南宋水軍は漢口《かんこう》や蕪湖《ぶこ》で戦っているから、かなりの損傷を受けており、そのあとに軍団が再整備されていた。

沈没船の数

「癸辛雑識」には「四千余船を砕いて、所存二百而已《のみ》」と書かれており、三八〇〇隻が沈んだことになっている。鷹島発掘報告書も「この海には四千四百艘の船が沈んでいる」と記している。けれどもいかにも誇張が過ぎるだろう。一隻に一〇〇人ならば四〇万人分の船となる。現実感に乏しく、桁《けた》が複数ちがうはずである。

先の日本側史料、『壬生官務家日記抄』には「所残二千余人為降人由」とあった。戦死者もいただろうが、それをのぞいて鷹島には二〇〇〇人が残っていた。一隻に一〇〇人（兵士五〇人、水主五〇人）が乗るとすれば二〇隻、一五〇人が乗るとすれば、一三隻あれば、この二〇〇〇人は帰国できた。沈んだ船の数の見当がつく。

現在鷹島沖で発掘調査が行われている。二〇一七年までに発見された船は三ないし四隻分かと考える。その一は隔壁梁材《はりざい》・マストステップ（桅座《きざ》、帆柱台）・外板複数がバラバラの状態で四散して見つかったものである。この船体から八〇ないし九〇メートルほど陸寄りの位置で、さきのパスパ文字の元軍総把印が見つかっている。比較的近いから、総把印所有者はこの船に乗船していたのではないだろうか。総把は千戸と百戸の中間に位置づけられる中隊長クラスの将校である。

また別の位置で竜骨を持つ船体、一号船、二号船が見つかっている。竜骨が残っているのだから、船は分解せずに沈んだ。バラストの石もあったから、石の重みで、そのまま沈没したのだろう。

またこれまで調査団によって、海中の電波探査・音波探査が行われ、船が沈没している可能性を持つ地点がリストアップされているが、二〇ヶ所ほどあるようだ。

沈んだ船はバラストの石が原因で沈んでいる。木材は本来は浮くから、石がなければ海上で分解した船は遺物としては残りにくい。

碇石は一隻に四つから五つは搭載されており、海中の石材は木材とは異なって完全に保存されるはずだから、海底に沈む碇石が把握できれば、沈没船の位置や数を考える大きな手がかりが得られるだろう。しかし碇石は船体に比べてきわめて小さいから、電波探査・音波探査でも有効な反応が得られないようだ。

これらをふまえつつ、本書では鷹島沖に沈んだ船は、残留人員二〇〇〇人という数から判断して、二〇隻前後ではないかと推定する。むろん小型船であれば船の数は増えるが、多くとも五〇隻を越えることはないものと想定している。海戦は船の捕獲合戦だから、一〇隻以上も失えば完敗であった。

よって四千余隻が沈んだというのは文学的表現とわかる。史実ではない。

いる。

沈没の理由・必然性

船が沈む主たる理由は老朽船であることか、積載過剰かで、ふつうはその双方が重なっている。

マルコ・ポーロ『東方見聞録』（八章）によれば、中国船は堅牢《けんろう》な二重張り、二層の厚板で、外側の板は鉄釘でしっかり打ち付け、石灰と細かく切り刻んだ麻と、ある種の樹脂を搗《つ》き混ぜたものを塗って防水し、二重にする。これは鳥モチのようで歴青《れきせい》（アスファルト）同様の防水効果がある。一年ごとに修理が必要で、毎年船全体に外板を釘で打ち付け、塗料を塗り直す。修理をくり返し、六層目まで（七年目）で、その後は船を廃棄する。

鷹島沖の海中に沈んでいた蒙古沈没船の木材には無数の釘が打たれていた。釘穴のある板材はすこぶる多い。釘穴のある板材、すなわち補強外板があまりに多ければ、廃船に近かったことにはなる。ただし、殺《そ》ぎ矧《は》ぎという斜めに切断した板を釘で接合させる技法があって、樹液・石灰・コバルトなどを混ぜた接着剤 Chunam（漆喰《しっくい》であろう）が材の釘穴から検出されている。この技法については中国船の優れたところであろうから、船が老朽化していたのかどうかは、にわかにはわからない。

沈没船には驚くほど石が積まれていた。これでは船が沈むのは当然だと思うほどだ。帆柱を建てても船が不安定にならないように、重しの石、バラストを積む。バラストを多く積めば船のスピードは出なくなる。臨戦状態では速度が要求されるけれど、鷹島は目的地への途中だからバラストを捨てることができなかった。

沈むべき船が沈んだ。老朽化し積載も過剰な、欠陥・問題のある船が沈んだのである。

第七節　終戦、その後

白骨山・髑髏山

元側のいくつかの史料に、鷹島を指して、白骨山・骸山・髑髏山・枯髏《こ》山・骷髏《こ》山という表記がよく出てくる（たとえば「倭之竹島曰骷髏山」）。むろん合戦中にこのように呼ぶことはない。敗戦・帰国後に元側で作成された評伝や詩文には「死体の山」が頻出した。「溺死」であれば、白骨海・白骨島と表現されたのではないか。

『元史』には有名な

莫青・与呉・万五者亦逃還、十万之衆得還者《かえりうるもの》三人耳《のみ》

という記述があって、帰り得たものはこの三人だけだったとある。しかしこの三人以外にも

『元史』列伝には多くの帰還将軍の事績が書かれている。三人が将軍の名だったとしてもややはりおかしい。錯誤ないし文学的表現である。

『高麗史』もまた鷹島にて蛮軍全員が溺死したとしていたけれど、むろんそうではない。

鷹島から中国への帰還

日本から帰還したことが明記されている元将が複数いる。『元史』列伝・也速解児《イエスデル》伝によれば、江淮《かい》軍戦艦数百艘を領して日本に東征し、「全軍而還」つまり彼の率いる艦隊数百艘は全軍が帰還した。彼はその功績で養老百戸と、衣服・弓矢・鞍《くら》・轡《くつわ》を得た。

『元史』張禧伝も、平湖島の四〇〇〇の船を帰還させるために、所有する馬七〇頭を棄てたとしている。平湖島（平戸島）とあるけれど、彼は台風後に逃げ帰ろうとする范文虎に対し、主戦派として議論しているから、鷹島の誤記と考えたい。

東路軍の被害の少なさ

東路軍がいたところは志賀島・博多湾である。『高麗史』列伝・金周鼎伝に、「日本を征し、大明浦に至るに及び、忽《たちま》ち大風の舟を覆し、官軍の溺死するもの多し。周鼎、計を以て、拯活するもの甚だ衆し」とある。大明浦とはさきに述べた如く、世界村大明浦、すなわち志賀島であった。東路軍は博多湾にいた。

東路軍については「東征軍九千九百六十名、梢工水手一万七千二十九名、其の生還者は一万九千三百九十七名」という信頼し得る数字が残されていた（六二頁）。単純に合算すれば合計二万六九八九名、帰還できなかったものは七五九二名、二八％となる。みたように水手の数が多すぎるので、既に交替して帰郷したものも含まれていると考えられるし、壱岐や対馬のような安全圏にも多数いた。生還者一万九三九七名という数字は高い帰還率を示す数字として記された。

東路軍と江南軍の被害の差は相当にあって、原因は船の堅牢性の差にあった、と記述されている。元の王惲《おううん》による『汎海小録』には、「ときに大小の戦艦の多くが波浪のためにみな揃って触れた。しかし高句麗の船は堅牢であったから、みな帰ることができた。八月五日である」とある。博多湾と鷹島の地理的差異もあっただろう。

捕虜の運命

『元史』日本伝は以下のように記している。「八月一日に風で船が破れた。五日に范文虎は残っていた船のなかから頑丈な船を選んで乗り去った。残された山下にいたものは食も欠き、将も欠いた。衆議は張百戸〔張成〕を元帥に推した。総官となった張は、木を切って船を作り帰ろうとした。七日に日本人が攻めてきて、ことごとく死んで、余二三万〔それ以外の二万、ないし三万人〕は捕虜となって八角島に連れて行かれた。そして蒙古・高麗・漢人は悉く殺された。新附軍は唐人と見なされて殺されなかった。彼らは奴《やっこ》〔奴隷〕にされた」。

ここに七日とある日付は、日本側史料の鷹島合戦の日に一致する。連行された八角島は博多であろう（寧波発音では beguodao で、b・g・dを共有する）。

捕虜はどうなったのか。殺されたとされる漢人は華北の漢語話者で、いっぽう、殺されなかったとある唐人は南宋人であって華中の呉音話者であろう。日本には親宋国であった長い歴史があった。

『高麗史』は、日本は工匠や田をよく知るものを選び出し、それ以外は殺したとしている。職能で選別し、技能を日本が学ぼうとした。けれども単純労働に従事させることもあっただろう。じっさいは殺されたものは多くはなかったと考える。いたとしても最初の恫喝《どうかつ》・見せしめの犠牲が若干名か。

さきの鷹島合戦を記した武雄（黒尾）大宮司は一名、分捕りができて、三名を捕虜にしたとあった。抵抗を止めた敵をむやみに殺しはしなかった。

捕虜は皆殺しにしたという記述が目立つが、実態はちがう。合戦が終了して二ヶ月が経過した弘安四年九月十六日の豊後守護大友親時《ちかとき》奉書（野上文書）に、蒙古捕虜・降人の様子が記されている。彼らは処分が決まっておらず、各々、御家人に預けられていた（異国降人等事、各令預置給分、沙汰未断之間）。

軍事技術の指導者となった唐人

大阪府和泉《いずみ》市の森光寺《しんこうじ》に大般若経《だいはんにゃきょう》六百巻がある。全ての経巻《きょうかん》の裏に「播州印達北条《ばんしゅういたてほうじょう》」「天満宮　大般若経也」とあり、もとは播磨国飾磨《しかま》郡院達北条（現在の姫路市）の天満宮にあったことがわかる。このうち四百九十八巻の末尾に、

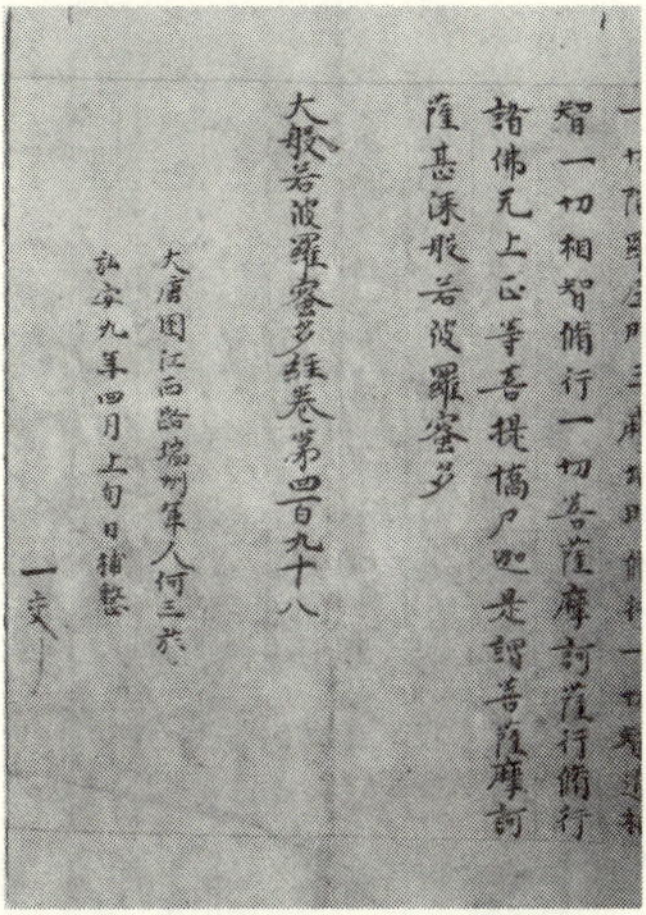

図3　大般若経（森光寺蔵、和泉市指定文化財）498巻末尾。大唐国江西路の軍人が弘安9年に「補整」している

> 大唐国江西路瑞州軍人何三於
> 弘安九年四月上旬日補整
> 「一交了」

と書かれていた。江西路瑞州とあるが、今日の江西《こうせい》省か（省内に瑞陽《ずいよう》市がある）。江西の人であった軍人・何三《かさん》は弘安の役における被虜人であろう。「補整」は「補

い整える」という意味か（当該巻に修理の痕跡《こんせき》はなく、修理の意味ではない）。欠巻を補塡した。「一交了」＝一校了だから、筆写し校正まで行った。なぜか弘安の奥書はこの一点しかなく、大半は奥書を欠くが、この経巻の本文の筆跡と一致するものが多くあるから、何三はこの巻のほかにも補整したようである。軍人は大般若経補完事業のパトロンであり、資金提供者であった。

弘安の役から五年が経過して、唐の軍人を名乗る人物が日本にいた。弘安の役以前に日本に住むことは考えにくい。弘安の役での投降者、捕虜が播磨にて経巻を完全なものにし、完成させる作善事業を行っていた。わずか五年で蓄財に成功していたらしい。『高麗史』の記述に、高度の職能技術を持つものは選び出されたとしている。兵士ともども日本に投降した「軍人」、指揮官たる何三は、大陸の高度な軍事技術、兵器の用法を日本に教え、高給を得て経済的にも恵まれた生活をしていた。

大唐国の人であった何三は『元史』が記すとおりで、殺されなかった。ただし『元史』がいうような奴になってもいなかった。実は富豪になっていた。

高麗国王からの感謝状

弘安の役が終了して一一年が経過した正応《しょうおう》五年（一二九二）、高麗国使金有成《きんゆうせい》らが、「護送日本人使」、つまり耽羅《たんら》（済州島）に漂着した商船員を護送する使いとしてやってきた。彼は「日本国王殿下」にあてた高麗王国書を携えており、元との通交を勧めた。ついで鎌倉幕府を訪ねるべく、関東に下った。そのときの内容は『高麗史』にも記録され、また国書の写しが日本側、金沢文庫に残されている。

戦艦は風濤の播揚《はよう》〔発動する〕に因《よ》りて、間々或いは失水し、軍卒の遺漏して、還らざる者あり。いま耽羅の送る所の商人が言を聞くに、貴国は並びに皆な収護して処養すと。生を好むの聖徳に順《したが》うに似たり、これ一つの幸いなり。

帰ってこなかった高麗の捕虜は殺されてはおらず、日本にて「収護・処養」されていた。激戦一一年を経過して、このような感謝、御礼の高麗国書が送られてきた。なお金有成は趙良弼《ちょうりょうひつ》とも行動した高麗の日本担当外交官で、最後は日本で病没した（『高麗史』列伝・金有成伝）。

第四章　竹崎季長の背景

では、本書の後半に移る。ここでの課題は『蒙古襲来絵詞』を正しく読み解くことであるが、その作業の前に作者（発注者・出資者）である竹崎季長なる人物について考えておきたい。

高価な絵巻

『絵詞』は、合戦に参加した肥後国の竹崎季長が、戦後一〇年ほどを経て、絵師に描かせたものである。季長の指示を受けて、絵師が合戦の様子を聞きながら作成した。文字のみではなく、絵画があるところがすばらしい。七〇〇年も前、十四世紀初頭という、世界にも例を見ない合戦絵巻である。蒙古合戦を考える上で、これ以上に良質で情報豊かな史料はないといえる。

最初に考えるべきは、一地方御家人であった竹崎季長がなぜこのような絵巻を作成することができたのか、である。絵巻は通常、天皇家あるいは摂関家のような貴族か、あるいは大社寺しか発注できなかった。きわめて高額の費用を必要とするからである。

墨も顔料（絵具）も国産ではない。赤（朱）は辰砂《しんしゃ》、緑は孔雀石《くじゃくいし》（緑青《ろくしょう》）を、群青《ぐんじょう》は群青石（藍銅鉱《らんどうこう》）を砕いてとる。中国産あるいは世界の各地産が中国へ、そこからさらに日本にまで運ばれる。群青は同じ重さの金よりも高価とされていた。弘長二年（一二六二）、般若寺の文殊菩薩《ぼさつ》像が乗る獅子の着色料として、群青、緑青それぞれ五〇〇両を、北条時頼《ときより》が叡尊に寄進している例がある（『感身学正記』。両は重さの単位。一両は一五グラムで、現在の価格は緑青が二〇〇〇円、群青が三〇〇〇円ということであるから、五〇〇両ならそれぞれ一〇〇万円と一五〇万円となる。むろん当時、岩絵具入手ははるかに困難だったから、桁ちがいに高額であった）。

竹崎季長の本貫地

竹崎（藤原）季長は、竹崎を苗字としている。彼の本貫地《ほんがんち》、つまり苗字の地（ルーツ）はどこなのか。『絵詞』本文に竹崎が登場する。建治元年「六月三日卯の時、竹崎をたて（発って）のぼる（上る）」とあるように、竹崎を出発し、関《せき》（下関、赤間《あかま》が関《せき》）を経て鎌倉をめざした。竹崎はむろん肥後である。

肥後では、竹崎という地名は玉名《たまな》郡と益城《ましき》郡にある。ほか阿蘇《あそ》郡にもある。これまでの研究で、竹崎季長に関連するのは益城郡とされていた。阿蘇氏系列に竹崎氏がいる（阿蘇氏系説は『伏敵編』）が、季長が阿蘇姓ではなく藤原姓であったことは、塔福寺《とうふくじ》文書に残された彼の署名に明らかである（次頁）。

菊池軍団に遭遇した季長は菊池武房に問われて以下のようにやりとりした。

（武房）「肥後国菊池の二郎武房と申すものに候、かくおほせられ候ハ〔たれぞ〕」と問ふ、

（季長）「同じきうち竹崎の五郎兵衛季長駆け候、御覧そうらへ」、と申して馳せむかふ

季長は菊池氏に対し「同じきうち（内または氏）」つまり同族であるといっている。竹崎氏が藤原姓である菊池一族であると、石井《いしい》進《すすむ》・工藤敬一《くどうけいいち》両氏が指摘する。竹崎が玉名郡竹崎である可能性を、石井氏が指摘しているが、断定まではしていない。私見ではこの玉名郡竹崎説を積極的に証明する。季長と八代《やつしろ》郡海東《かいとう》郷との縁ができるのは、弘安の役後の恩賞を得た正応以降と考えるからで、文永の役段階では、いまだ八代郡・益城郡との関係は発生していなかった。玉名郡竹崎に隣接して宮原《みやはら》という地名があるが、季長兵船に乗り込んだ人物に

宮原三郎がいる。同じく焼米《やいごめ》五郎の焼米は、菊池川《きくちがわ》流域の江田《えた》近くの地名で、焼米氏は秀を通字としていた（室町時代の金石文に焼米秀秋）。同じく季長兵船に乗った飛田の二郎秀忠の飛田も飽田《あきた》郡北部で、秀を通字とする。焼米・飛田は同族であろう。飛田は益城郡竹崎よりもずっと玉名郡竹崎に近い。季長が親類であるとした人物に野中《のなか》すえながいるが、玉名郡内では南関《なんかん》町に野中という地名がある。また、野中孫七郎という人物が、弘治四年（一五五八）に大津山重経《おおつやましげつね》の配下になっている（南関紀聞『南関町史資料』）。彼は後裔《こうえい》の可能性がある。玉名郡が本拠であろう（なお益城郡側にも焼米、宮原に関連する地名や資料がある）。

長門三井氏と長門国竹崎

ただし本書では、玉名郡竹崎は二次的な苗字の地で、本来の出自は、じつは長門国竹崎ではなかったかと考える。こうした言及はこれまでなかったから、新説となる。

季長の烏帽子《えぼし》親は、長門守護代三井季成《みいすえしげ》である。長門守護二階堂行忠《にかいどうゆきただ》は文官で、在鎌倉であるから、代官である三井季成が事実上の長門支配者であった。その人物が烏帽子親であったということは、竹崎季長の地位の高さを語る。『絵詞』での季長の名乗りは「五郎兵衛」が二ヶ所、「五郎兵衛尉」が二ヶ所で、ほか塔福寺文書では「地頭左兵衛尉藤原季長」である。もし現任の左兵衛尉であれば、左衛門尉であった少弐景資と同格となるが（ともに大尉《たいじょう》従六位下・少尉《しょうじょう》正七位上）、にわかにはそのようなことは考えにくく、蒙古襲来の段階では、父か祖父が兵衛尉であったから「五郎兵衛」「五郎兵衛尉」を称していたとみたい。塔福寺文書の左兵衛尉もやはり通称のように思われ、朝廷からそのような官位を得て、京都で勤務したとは考えにくい。しかしながら一族に兵衛尉に任官したものがいたということは、竹崎家の家格が特段に高いことを示している。竹崎家は長門における武家のなかでも、名門中の名門ではないか。このことは『絵詞』作成の財力にかなり関わってくる。

竹崎季長姉婿は三井三郎資長《すけなが》で、季長と「長」の字を共有する。季長も三井系で、近親に長の字を実名に含む有力者がいたのではないか。長門国にも竹崎がある。現在下関港がある竹崎町で、一帯で最大の繁華街である。文明《ぶんめい》十三年（一四八一）、長門一宮《いちのみや》住吉神社文書に「赤間関竹崎浦」とみえる。竹崎は関門《かんもん》海峡に面するきわめて重要な港津で、本州西端の赤間が関と九州北東端の門司関《もじのせき》は併せて両津《りょうつ》と呼ばれていた。本州の物流にも、九州の物流にも関与できた。竹崎浦は中世にはこの赤間が関の一部とされている。ここが竹崎苗字の由来ではないか。

季長は鎌倉に向かう途中で、烏帽子親の三井季成を訪ね、赤間が関で遊君を伴う宴席に招かれ歓待を受けた。さらに河原毛《かわらげ》なる馬および路銀も与えられている。一族間での期待の大きさがわかる。

『萩藩閥越録《ばつえつろく》』巻六十五の三井善兵衛（萩家中で三井は「みい」と読まれる）の項には元徳《げんとく》元年（一三二九）二月、「長門国有光名大河内村一分地頭三井孫五郎資基《すけもと》」が「三井次郎兵衛長家《ながいえ》息女子息永富《ながとみ》新三郎有光《ありみつ》」ほかと争ったという記述がある。三井次郎兵衛長家も同じく長の一字を通字とし、かつ兵衛を名乗っている。季長、長家は兵衛系で、通字は「長」、おそらく三井長家は季長と縁戚であって世代も近かった。

また系譜書上もあり、「将軍御一族信濃四郎左衛門尉行忠判官入道行一、斯時為長州守護、然藤家余裳三井宮内左衛門尉資平《すけひら》為守護代」とあって、当初、長州豊西《ぶんさい》郡富任別府《とみとうべっぷ》に居住し、資平孫の源五郎資基は同郡室津郷に住んだとある。また家系は大宰大弐季行《すえゆき》、大納言定能《さだよし》、定能五男三井宮内左衛門資平、三井業左衛門資信《すけのぶ》、三井孫五郎資重《すけしげ》、三井孫五郎資基、と続くとされる。系図集成である『尊卑分脈』に藤原季行—定能—資家《すけいえ》、と続く系統がある。三井家はこの流れに属すのであろう。藤家余裳《とうけよしょう》とある。三井家が藤原姓という意味か。

三井家が所領としていた長門国有光名、長州豊西郡富任別府、同郡室津郷はいずれも現在の下関市域で、日本海岸に位置している。富任町の観察院《かんさついん》境内には六基の五輪塔があって、うちの一基の地輪に「永仁《えいにん》二年十月日　敬白」（永仁二年は一二九四年）とあって、三井家ゆかりの墓塔と推定されている（山口県指定有形文化財）。また長家孫の永富氏は豊東《ぶんとう》郡南条永富名に由来し、文永十一年四月十一日長門守護書下（武久文書）に「長門国守護代永富殿」

とあるから、守護代の一族だった。

竹崎季長の祖に当たる人物はこの三井家から出て、赤間関竹崎浦を根拠地にし、苗字にしていたのではなかろうか。季長の姉は一族である三井家の資長に嫁いだ。三井資長と季長姉（竹崎氏）、また季長は、従妹・従弟ぐらいの関係と推定され、一族間の結合が強かった。

いっぽう『蒙古襲来絵詞』にみえる竹崎は、当然、肥後である。玉名郡竹崎は竹崎季長の根拠地にふさわしい。先に季長手の者、宮原、焼米、飛田、親類野中との位置関係に言及した。いずれも竹崎に隣接、または近い。

熊野先達・岡法眼

季長は鎌倉に向かう際に「熊野先達《くまのせんだつ》・（岡）法眼《ほうげん》けうしむ」を訪ねるべきかどうか思案して、けっきょくは思いとどまり、お布施のみを届けた。玉名郡竹崎から肥後・筑後国境の大津山関に向かう途上、石貫《いしぬき》の東方に岡というところがある。「けうしむ」がいた場所と思われる。益城郡には熊野社の分布は少ないが、玉名郡には多く、関連する霊場も多い（『玉名市史』）。竹崎背後の金峰山《きんぼうざん》二の岳（熊野岳）から三の岳（那智岳・権現岳）はその名の通りで、むろん一の岳（金峰山）とあわせ、三山、すなわち新熊野霊場を構成していた。熊野先達なのだから、大和《やまと》金峰山（吉野）にも、紀伊《きい》熊野にも根拠を持っていた。法眼というきわめて高位の僧侶である。岡は大津山関への幹線道からはややはずれて奥まった位置にあるから、季長もわざわざ立ち寄るべきか、否か迷ったのであろう。

竹崎金剛寺と「しゆゑ」の御房

竹崎の金剛寺《こんごうじ》（竹崎観音）には茶（唐茶）の原木があった。日宋貿易根拠地の可能性がある。海奇山という山号は、干拓以前の久島《くしま》・横島の手前に海水が入る情景に因む。中国的な表現かと思う。『絵詞』に登場する、「しゆゑの御房」なる一族出身の僧侶は、この寺の住持であろう。しゆゑは朱衣かと考える。本来朱衣ならば「しゅえ」（えは衣の草書体）と表記される。しかし『絵詞』では江田秀家の場合、文法上正しい「ひでいへ」ではなく、「ひでいゑ」と書かれているし、「おほせらるゝうゑは」（後十紙）も、「うへ」とするのが正しい。平安時代にあった厳格な適用はすでに乱れていると考える。

朱衣は絵画での場合はシャカかダルマを表す。かなりの高僧であろう。渡宋経験もあったのではないか。

人名の地名化

長門国豊浦郡竹崎が苗字の地なら、なぜ肥後国玉名郡竹崎があるのか。玉名郡に所領を得たのち、地頭竹崎氏がいるからその村が竹崎と呼ばれるようになった、ないしは新入の竹崎氏がその地の名を竹崎と改めた、などが想定可能か。

人名が地名になる例は、都市であれば江戸では春日《かすが》(春日局)、神保町《じんぼうちょう》(神保氏)、有楽町《ゆうらくちょう》(織田有楽斎《おだうらくさい》)、八重洲《やえす》(ヤン・ヨーステン)、高島平《たかしまだいら》(高島秋帆《しゅうはん》)など、京都では泰長老《たいちょうろう》、永井久太郎《ながいきゅうたろう》、羽柴長吉東町《はしばちょうきちひがしまち》など、大坂では道頓堀《どうとんぼり》(安井《やすい》道頓)、宗右衛門町《そうえもんちょう》などが知られている。屋敷地が町名になったものである。

新たに得た土地の名前を変えることは、いくつかの事例が知られている。たとえば木下藤吉郎《きのしたとうきちろう》は新たに得た近江《おうみ》の今浜《いまはま》のうち今の一字を、織田信長の一字、長に置き換えて長浜《ながはま》にした。毛利輝元《もうりてるもと》は先祖の大江広元《おおえのひろもと》と普請奉行福島元長《ふくしまもとなが》のそれぞれ一字を得て広島《ひろしま》と命名した(瑞川寺縁起、広島開基などによる)。織田信長が井ノ口《いのくち》を改め岐阜《ぎふ》とした例も、黒田《くろだ》家がゆかりの地福岡の名を採用した例もまた然《しか》り、入部による地名の変更である。

肥後と長門

人名が地名化する場合はよほどにその人物に強い個性があったのであろう。季長は文永合戦時には二十九歳だったが、菊池武房とは初対面であった。若い時期から肥後にいたとしたら、不自然なものを感じる。肥後には代官を置いて、自身は長門にいたか、あるいは先代がいる間は長門にいたなどの事情が想定される。

むろん菊池武房に対しては、「同じきうち（内または氏）」と発言しているから、菊池と同族であると、強く意識している。また「季長が一門の人々、あまた（多数）あるなかに、ゑたの又太郎ひているゑ（江田又太郎秀家）」といっている。江田氏は菊池系図に見える雄族で、薩摩国高城《たき》郡にも所領を有している。季長は菊池一族の江田秀家とは親密で、当初は合戦の証人になるため、互いに自分の兜《かぶと》を着用してほしいとして、交換している。しかしこのような兜交換が、通常当たり前に行われていたわけではないだろう。江田秀家と季長の関係も、お互いがすぐにわかるほどには近しい関係ではなかったが故に、こうしたイレギュラーな提案がなされたのかもしれない。

けっきょく季長は江田秀家が所属し、少弐景資が率いる博多防衛隊の一員としては行動せずに、親族（義兄）である長門御家人三井資長と連携した。配下に入ったといってもよい。江田氏とは約束違反になって、のちに関係は悪化しただろう。一族間で季長が孤立する前提となった。

地縁・血縁においては肥後よりも長門の方に親近性があったから、季長が別行動を選択した、と推定できる。竹崎季長および三井資長らの五騎には、三郎二郎資安《すけやす》（旗指《はたさし》）、たうけんたすけみつ（藤源太資光）らがいた。いずれも資を通字としていて、三井一族と判断できる。雄族であったはずの竹崎季長や三井資長は、わずか五騎であった。家格からすれば、通常ではこの戦力はあり得ない。

「本訴に達し候はぬ間、若党相添候はず」「本訴に達し候はで、無足の身に候」といっているから、訴訟があり、それが不調で不知行のままであった。本領（長門竹崎浦）を一族なり、北条氏なり、誰かに奪われていたのであろう。肥後下向の一因かもしれない。

長門が本貫地で肥後は新恩地だとすると、肥後に地頭職を得た時期として想定し得るのは、承久《じょうきゅう》の乱後、あるいは宝治《ほうじ》合戦による三浦《みうら》氏滅亡後であろう。

地名が新たに竹崎になったとしたら、玉名郡での季長家（父、または祖父）にはきわめて顕著で卓越した行動力があったと想定できる。季長には、まちがいなく、高額な絵詞を作成し得る財力があった。卓越した力があったのだから、地名の変更も可能であったのではないか。

菊池川河口における日宋貿易

菊池川流域における日宋貿易の存在を示す文献史料はこれまでは見つかっておらず、貿易は博多のみに限定されていたと考える研究者ばかりであった。だが今日では流域での日宋交易の存在を示す考古資料が発見されている。菊池川河床から表面採集された松本秀蔵《まつもとしゅうぞう》氏コ

図４　生の松原・石築地上の菊池武房。彼の太刀には虎の尾の尻鞘

レクションがそれで、博多から出土する中国陶磁とまったく同じ、優品の青白磁、また墨書土器が多量に収集されている。一度も発掘調査が行われていないにもかかわらず、表面採集のみでこれほど多量の優品が採取できることは驚異である。

『蒙古襲来絵詞』に登場する菊池三郎武房の刀には虎の尾の尻鞘《しりざや》がある。虎は日本にはいなかった。むろん交易品である。尻鞘は規定の上では、五位以上に着用が許されたらしい。少弐、衛門佐《えもんのすけ》クラスである。武房は無位無官のはずだから、規定を無視して着用していたのだろう。このような稀少である虎の尾を入手できたことから、彼自身が日宋貿易に関与していた可能性が高い。

檜と杉は日本固有種

さきにもみたが、檜《ひのき》や杉は日本固有種で中国にはなかった。檜・杉は漢字なのだから、当然中国大陸に自生しているのではないか？　と読者は思われるかもしれないが、檜・杉は中国では別の木で、檜はビャクシン、杉はコウヨウザンをさす。

日宋貿易での日本からの輸出品に木材、檜や杉があって、それを宋が渇望していたこと、またヒノキ材が羅（欏）とも呼ばれていたことは、冒頭に述べた。

趙汝适『諸蕃志』（一二二五年頃成立）の「倭国」の項に

杉木羅木を多く産す。長さは十四五丈に至る、径は四尺余り

とある。丈は一〇尺であるから十四五丈は四五メートルほど、口径は一・二メートルあるというのは、日本での原木の大きさをいうのであろう。

これらにみえる羅木・羅板の羅が日本産ヒノキを指すとしたのは、前述したように（一四頁）、三〇〇年前の大学者、新井白石である（『東雅』）。白石は漢字の檜が日本のヒノキを指してはいないことを知っており、日本ヒノキは「檜の字を借り用ひたらむ、即是我国の方言也」としている。

また近代の帝室林野局編『ヒノキ分布考』も「漢字では扁柏、檜と書くが、中国（支那）にはヒノキがないから、従って本来の漢字はないと見る可《べ》きである」とする。ヒノキ（学名Chamaecyparis obtusa）は日本にしかなかったから、屋根を檜の皮で葺《ふ》く檜皮葺《ひわだぶき》という方法は、日本にしかない建築技術である。日本産スギの学名はCryptomeria japonica、すなわちジャ

ポニカなる言葉が示すように、日本固有種である。

文献上でも東大寺勧進上人《かんじんしょうにん》の重源《ちょうげん》による周防杣《すおうそま》から、中国寧波の阿育王寺《あいくおうじ》（阿育王はインドのアショーカ王のこと）への建築材輸出（「作善集《さぜんしゅう》」）や、円爾《えんに》による杭州《こうしゅう》・径山万寿寺《きんざんまんじゅじ》の火災後の復興に際しての大量の板の輸送が知られている（無準師範《ぶじゅんしばん》墨蹟）。

日本側にて交易品を書き上げた平安時代の『新猿楽記《しんさるがくき》』には、檜や杉についての記載がなかった。木材搬出に最も有利なのは九州西岸である。京都で書かれた『新猿楽記』には記述されなかったのかもしれない。また木材輸出が盛んになった時期が『新猿楽記』よりも後だったとも考えられ、『宝慶四明志』のような木材を挙げている文献の例が、これより以前にはない、という指摘もある。しかし鎌倉中期の西九州で、輸出材としての檜や杉が重要だったことは、もっと注目されてよい。

肥後と北条得宗家・金沢氏

九州で有数の杉の産地である小国《おぐに》は、肥後国阿蘇郡に所在している。小国の西方に筑後・豊後・肥後の三国境の三国山《みくにやま》があって、筑後川《ちくごがわ》、矢部川《やべがわ》、菊池川がここから流れ出す。九州山地の山々からの良材は、一つには菊池川を通して西海岸に運ばれた。良材を畿内《きない》にまで送っても、吉野や熊野の材と競り合わなければならない。だが、同じ材を同じ距離の宋にまで送れば値段ははね上がった。材は宋に運ばれて、輸入物資と交換され、莫大な利益を上げた、と推定する。

小国には鎮西探題北条一族の拠点があって、小国満願寺《まんがんじ》には檀越《だんおつ》・鎮西探題北条時定と子定宗《さだむね》の画像がある（重要文化財）。

鎌倉時代の北条氏（得宗《とくそう》）所領をみると、阿蘇郡や人吉庄《ひとよしのしょう》北方など、九州山地に集中がみられる。一方で天草《あまくさ》の志岐《しき》にも北条氏領があった。山地を独占し、木材を確保し、天草を経由して、宋が渇望する木材を送る。

また阿蘇・久住《くじゅう》・雲仙（温泉岳）では硫黄を産出した。権力者は阿蘇郡を始めこれらを入手できる地を確保した。日宋貿易を志向した北条氏による布石であろう。

菊池氏は蒙古襲来前後には鎌倉・北条実時家と深い交流があった。北条実時《さねとき》は金沢《かねさわ》北条氏で、菊池武房はその被官であった。文永十年（一二七三）に実時の義父・北条政村《まさむら》が逝去したときには、菊池武房は、「弔問に行けない。異国警固のため禁足です」との断りの手紙を、北条実時家司《けいし》平岡《ひらおか》左衛門尉に出している。「かわりに相親しむ、出田泰経《いでたやすつね》を行かせますので、そのことをご披露いただきたい」と書いている。出田氏は菊池氏の一族で、菊池郡に出田地名がある。在鎌倉だったらしい。

北条氏のなかでも金沢北条氏は日宋貿易にとりわけ積極的な家であった。金沢文庫には宋版一切経《いっさいきょう》や文選《もんぜん》が残され、また称名寺《しょうみょうじ》北条顕時《あきとき》墓から優品の青磁壺《せいじつぼ》が出土している。これらに代表される数々の古書、絵画、工芸品など金沢氏の遺産は海外交易によって得られている。北条氏には得宗家（時頼―時宗流）のほかに、こうしたいくつかの有力家があった。菊池氏は自らの利権を保証してくれる中央権力を求めていたし、金沢北条氏の方は自らの権益・権力を行使する際に手足となってくれる存在を求めていたから、両者の利害が一致した。

実時の孫が金沢貞顕《さだあき》である。貞顕書状（年未詳、元徳元年か。金沢文庫古文書）に

八月十四日両通御状、菊池入道下向之便、一昨日六日下著候了

とあって、鎌倉にいた貞顕は、菊池氏が鎌倉へ下向してくる便で六波羅からの書状を得ている。金沢氏との主従関係は、顕時の子、貞顕の代になっても維持されていたことがわかる。顕時妻は安達泰盛《やすもり》女子であった。よって菊池氏は金沢派であり、泰盛派でもあった。

菊池川河口・竹崎

竹崎季長は江田氏の同族であったが、菊池氏の強い系列下にあったわけではなさそうだ。しかし領地の竹崎は、菊池川の分流（旧流路ともされる）である唐人川《とうじんがわ》が、有明海《ありあけかい》に注ぐ位

置にあった。さきにもみたように竹崎・金剛寺境内には「唐茶」の原木があり、日本での改良品種とは異なる中国茶系の茶木がある。唐人川という名のとおり、唐人の居住域があった。明の時代になるが、竹崎の南に接する部田見《へたみ》には福建《ふっけん》省竜郡出身の明人・林均吾《りんきんご》の墓があり、竹崎の北に接する伊倉《いくら》には肥後四位官郭公《かくこう》墓や、「大明振倉謝公《しんそうしゃこう》墳」と刻された亀甲墓《かめこうばか》がある。一帯は一大唐人街、明人街、福建人街であった。墓碑が示すものは近世初頭のチャイナタウンの状況であるが、地理的状況は大きく変わってはいない。中国人張安が外国語、つまり中国語（漢字）で記した銘文のある鉄剣が出土した江田船山《えたふなやま》古墳以来、大陸からの窓口であり、上流の逃げ込み城、鞠智《きくち》城が語るように、大陸を意識しつづけた地域といえる。その最も海辺寄りに竹崎があって、加藤清正《かとうきよまさ》による横島《よこしま》干拓以前には、河口・海端であった。菊池武士団では中国に留学した大智が知られるが、竹崎・金剛寺にも中国語が話せる渡宋僧がいたのではないか。となると、「しゅゑの御房」が該当か（一一四頁）。海岸部であるから時には外国船の漂着もあったかもしれない。

絵詞作成の財源

絵詞作成は当然、季長本人からの発注による。季長以外の人物、たとえばその子孫なりが絵詞を注文することはあり得ない。絵詞作成には莫大な金がかかるし、子孫には合戦の激しさも、詳細もわかっておらず、実感がない。記録を残すことに強烈な情熱を持ちつづける本人以外には、絵詞は発注できない。

竹崎氏の財力と、ならびに同族で中央政界とも結びついていた菊池氏の財力の由来は、大陸に至近の九州西部に基盤があること、木材、場合によっては硫黄をも宋に輸出できたことにあったと考える。近しい関係にあった江田氏は、潮汐上昇の限界となる江田が根拠地で、竹崎はそれよりもより下流にあったから、海外交易船をコントロールしやすかった。木材輸出で最も重要なのは河口である。菊池武房と竹崎季長はそれまで面識がなかったわけだから、両者が共同で海外交易を行ったことはなかっただろうけれど、河口にいた竹崎季長には多様な交易が可能であった。

このように竹崎氏の出自を考えると、長門であっても肥後であっても、海洋性を特色とする武士団だったことがわかる。もし農業が基盤ならば年間の収入は一定していただろうが、交易に依存する場合は、年・時など状況による変化が大きかったのではないか。竹崎季長は思わぬ臨時収入を得ることもあった。和市(相場)・漂着などが考えられる。季長はそこで得たラッキーな資金をもとに、合戦絵巻の作成を実行したと考える。

『蒙古襲来絵詞』には文永の役でも菊池一族が登場するし、弘安の役では生の松原に石築地《いしついじ》上の菊池一族が勢揃いしている。菊池一族への共感が強くにじみ、顕彰に近いものがある。

これもまた推測だが、菊池氏が主役の場面については、同じものを数部作成して、菊池武房ら一族に渡し、作成費の一部を協賛費として徴収していたのではないだろうか。

第五章　『蒙古襲来絵詞』をよむ

以下では絵巻物である『蒙古襲来絵詞』を分析する。この『絵詞』によって、両度の蒙古合戦の具体を考える。『絵詞』は天草大矢野《おおやの》家に伝来し、明治二十三年（一八九〇）十二月、当主十郎氏より宮内省に納められ、皇室財産（御物）となった。大矢野家には内帑金《ないどきん》三五〇〇円が下賜された（『小川町史』）。当時の一円を今の一万円とすれば、三五〇〇万円に相当する。現在では宮内庁三の丸尚蔵館《しょうぞうかん》所蔵品である。こうした経緯があって、通常の文化財指定はないものの、超国宝級であることはいうまでもない。

『蒙古襲来絵詞』は世界的にも稀有な、多数の絵画による歴史資料である。絵と詞書をともに正確に読まなければならない。どこをどう読み解くべきか。

課題がいくつもあるけれど、順次、文永の役から読み進めたい。文永の役は『絵詞』二巻のうち、前巻の大半を占めている。文永の役で描かれている日は一日だけ、すなわち文永十一年十月二十日のみである。季長はこの日の戦いで重傷を負ったから、次の日、二十一日からの合戦には参戦できなかった。だからこの一日しか描かれていない。ひどく時間の詰まった、濃縮された一日であった。

第一節　『絵詞』に描かれた文永の役の推移

(1)　箱崎から博多

詞書の順序

現状の『絵詞』冒頭は「沖《おき》の浜《はま》に軍兵その数を知らず打ち立つ」に始まる。打ち立つは「うったつ」で、軍勢が多く立ち並ぶさまをいう。沖の浜は博多である。しかし場面はいきなり博多から始まるわけではない。竹崎季長は絵の方では筥崎（箱崎）宮から博多へと移動しており、筥崎宮の社殿、鳥居が描かれている。よってこれより前に箱崎のシーンを説明する詞書があったはずだが、大半が失われている。現在、前八紙の最後に貼《は》り継がれている「攻め上がり□□□□□□向かふと申すをもて、箱崎の陣を打ち出で、博多に馳せ向かふ」

という詞書断簡は、箱崎から博多への移動を説明しているのだから、これが冒頭画面、箱崎一帯に対応する。じつはこの部分は破損がひどい二枚の紙、つまり破損のため最後の一行が上段で終わっている料紙と、おなじく破損のため最初の一行が下段から始まっている料紙を、あまり離さずに貼り合わせてしまったため、文章自体が連続しているかのように錯覚されやすくなっている。けれども、まったく別の料紙で、この後段に貼られた断簡は、本来もっと前、冒頭にあったのである。

＊『蒙古襲来絵詞』は、『日本の絵巻』『折本日本古典絵巻館　旧御物本 蒙古襲来絵詞』が古書としての入手、あるいは図書館での閲覧がしやすい。前者は頁で画面が分断される。後者は折本だから画面は連続する。紙数の数え方はいずれも共通である。本書もこれによって

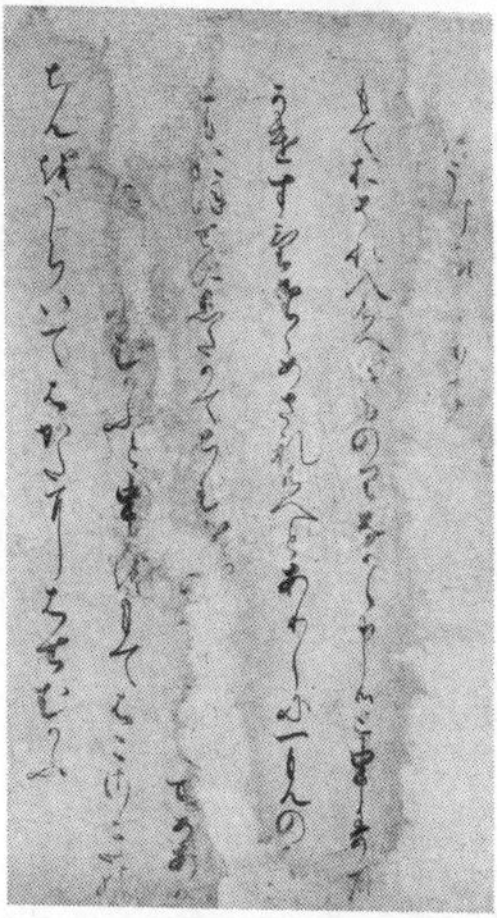

図5　前八紙。一見すると連続した紙のように見えるが、後ろ3行は全く別の詞書。この3行には箱崎から博多に向かうとあるから、冒頭にあった詞書の断簡である。右側は博多沖の浜到着後の情景。時間が逆

必要な紙数を示す。巻物としての形態を保つ印刷本には、福岡市教育委員会による複製がある（一九七五年）。

巻きながら右から左に視点が移動するにつれて、場面は箱崎から博多に移動する。この箱崎からの移動に対応する絵はほぼ残されており、全体はかなり長い。筥崎宮の建物が描かれ、そこを豊後守護大友頼泰の手の者・軍兵と注記された騎馬武者五騎が進む。奥後方に海が描かれ、松原のなかに筥崎宮の鳥居、そして埒《らち》（宮垣）がある。その前方には名前がわからない騎馬武者の一団A（五騎と徒歩武者二人）がいて、その前は松原のなか、先頭を「三《み》つ目《め》結《ゆい》に吉」という家紋の付いた旗を掲げる旗手（旗指）、つづいて月毛《つきげ》馬（白馬）に乗る三井資長（季長姉婿）、そして鹿毛《かげ》馬の竹崎季長、つづいて二名の騎馬武者が行進する（図6。紙面の都合上、先頭の季長周辺のみを図示）。

『蒙古襲来絵詞』の特色は、この左右にきわめて長い画面によって、絵が完結するところにある。極端に横長な画面が次から次へと連続するのである。巻頭からすばらしい壮麗な武者絵巻であるが、いくつか留意すべき点がある。

竹崎季長と三井資長の関係にみる粉飾

まずは竹崎季長と姉婿・三井資長との関係を考える。絵ではつねに季長が主で資長が従であるかのように描かれているけれど、竹崎季長が作成した絵詞であるが故の粉飾である。

さきにも述べたが、竹崎季長の烏帽子親が長門守護代三井季成であることは『絵詞』中にも明記されている。元服に際し、季成の一字「季」を拝領する擬制の親子である。三井資長は姉婿であり、季長の義兄である。義兄資長は義弟季長よりは年長と推定される。以上から資長が格上で、季長が格下になる。

季長が作成した絵詞だから、常に季長が主役となるのは当然かもしれないが、彼ら五騎には、「三つ目結に吉」という竹崎家の旗印（家紋）とされるもののみがあって、三井家の旗印らしきものがない。三つ目結に吉の紋の旗印は、絵詞では三ヶ所にみえる。この場面のほか、鳥飼浜での突入、弘安の役での生の松原行進があって、この場面では松に一部が隠れているが、鳥飼浜のものが全部が見えて鮮明である。

季長の家紋が三つ目結に吉であったことは、たとえば首実検場面（後四十紙）の季長の右手弓懸けに三つ目結、文永の奮戦図（前二十三紙）の左足脛当てに三つ目結がみえることからも、確かであろうと思うけれど、絵では吉字までは確認できない。

三井・竹崎が同族と考えた場合、旗印は共通だったかもしれない。ただしこの五騎に旗が一つなら、三井資長の旗ではないか。季長は三井武士団の一員（手の者）として参加していたという方が実態に近いだろう。

図6　箱崎を出て博多の浜に向かう前・三井資長（月毛、白の馬）と後・竹崎季長。先頭を行く旗指の持つ旗は三つ目結に吉字である。竹崎季長の旗印なのか、三井資長の旗印なのか。なお三つ目結に吉字の紋は、ここでは樹木に半ばが隠れているが、鳥飼浜の攻撃場面の方では紋の全貌が見える

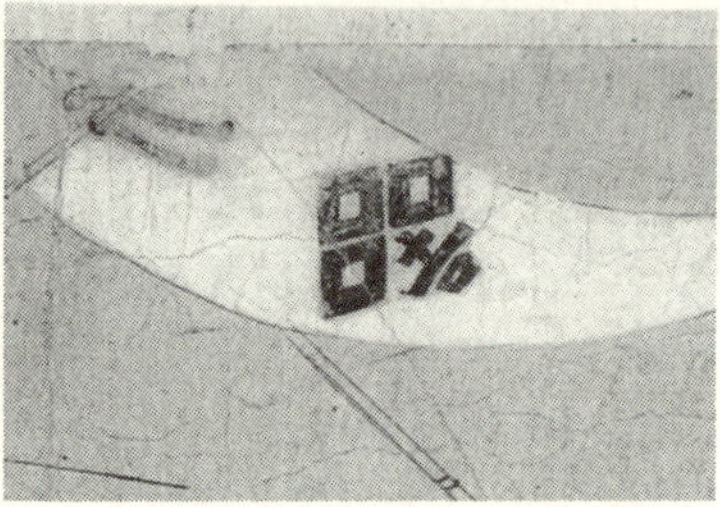

図7　三つ目結に吉字の紋

季長は自身で「ほんそ《本訴》にたつし《達し》候はぬあひだ《間》、わかたう《若党》あひそひ《相添》候はず、わづかに五騎候」「季長、三井の三郎、若党一人、三騎痛手」といっている。文永段階では自身の若党（従者）がおらず、三井資長の若党だけがいた。従者とされている藤原太資光も三郎二郎資安も、三井家の「資」、三井資長の一字を用いているのだから、この段階では三井家の同族ないし家人であった。

「三つ目結に吉」には別筆の注記があって、「季長旗指」と加筆されているから、『絵詞』を読む人は「三つ目結に吉」は竹崎家の旗印であり、三井資長は竹崎季長に従うかのように思い込むけれど、そうではない。

馬・鎧の色

なお、文永の役を通じて季長（資長）一行五騎の馬の毛色、鎧《よろい》の色、矢羽の模様などの区別は前巻全体で統一されている。資長の馬は月毛（白）で鎧は萌黄《もえぎ》（深緑）、季長の馬は鹿毛（茶色、足は黒）で鎧は萌黄である。ただし季長の兜は後に江田秀家の兜と交換されるから赤《あか》糸威《いとおどし》に変わる。この段階ではまだ季長の兜は鎧に同じ萌黄色である。また季長の馬はなぜか鳥飼浜の場面では青鹿毛《あおかげ》（黒）、箱崎前の場面では栗毛《くりげ》になっている。寛政《かんせい》七年（一七九五）に筆写された永青《えいせい》文庫の白描本蒙古襲来絵詞写本は、修理以前の状況を詳しく文字で記録している（『蒙古襲来絵詞展』熊本県立美術館）。箱崎から行進する季長の馬（六紙）はやはり栗毛となっている。

補色

ほかにこの画面で説明しておきたいことは後世の補色である。『絵詞』は経年による劣化が著しい。松原の松は本来ならば緑青で緑色になっているはずだが、緑青は脱落しており、顔料接着剤である膠《にかわ》のみ残っているのか、赤茶けたようになっている。顔料（岩絵具）の剝《はく》落《らく》と焼けである。のちに見る弘安の役・生の松原の菊池勢の勢揃いでは武房の周囲のみ鮮やかな緑で、他は剝落により赤茶色になっている。一部の緑は補色と考えられる。

季長の馬とその後方従者の馬には顕著に刷毛《はけ》の跡が残っている。料紙に明礬水《みょうばんすい》を塗ったのであろうか（ドーサ引き）。経年変化で顔料が脱落して、下地の刷毛目が明瞭になっている。ところが季長馬の前脚、後脚、頭にはそうした劣化はなく、むしろ鮮明である。後世に補色されたことが歴然としている。

全く同じことを先の不明武士団Aでも指摘できる。馬や侍は刷毛目がはっきりしているが、先頭から三番目の馬の馬面のみ色が濃く、刷毛目が消えている。焦茶色の顔料は季長の馬に同じである。こうした補色は『絵詞』全体に見られる。一連の同じ場面を描いていても、風化の度合いが異なっているように見えることがある。色調の差で別場面と判断してしまう可能性もあるから、注意が必要である（後述する博多湾海戦の場面）。補色をしていないオリジナル画面は色彩がきわめて単調・地味で、鮮明さに欠ける。

図8　図6の左を拡大したもの。経年劣化でドーサ引きと思われる刷毛の線が見えるが、その刷毛目の上に季長の馬のみ、焦茶色が重ね塗りされている。補色と考える

図9　この馬も鼻面のみ色が塗り直されている

『蒙古襲来絵詞』は七〇〇年間にわたって保存されてきたが、寛政九年（一七九七）に、熊本（細川《ほそかわ》）藩・時習館《じしゅうかん》の学者、高本紫溟《たかもとしめい》らによって修理された（軸首墨書）。

修理前の状況がその二年前、永青文庫白描本に写し取られ、色が文字として記録されていることは述べた。白描本の段階では季長の兜に星筋が明瞭であった。しかし現況ではベタに黒く塗られて、あったはずの紋様が見えなくなっている。寛政修理では補色による修理が一部に行われたらしい。竹崎季長の顔も上塗りされていて、鮮明さを欠くところがある。

補色はいまでいう文化財保護の思想により、本来の色を残そうとして行われたと考える。輪郭だけの補色もあるようだ。過去にはそれを以て、当該箇所全部が後世の加筆であるかのように主張する人もいた。もちろん誤りである。

（2） 博多沖の浜での対面

沖の浜少弐景資陣

現状で冒頭に置かれている「沖の浜に軍兵」以下の詞書は、少弐景資陣所に至る直前の状況を説明している。冒頭詞書は、季長が萌黄色の兜を被って箱崎西方を行進する絵よりも前にあるけれども、兜を交換した経緯、つまり江田秀家の兜である赤糸威しに替わったことを記しているから、ほんとうはそれより後に置かれていたもので、絵と詞書の順序は本来のものと逆になっている。

少弐景資は博多沖の浜を五〇〇騎で固めていた。景資と竹崎季長が沖の浜の景資陣所（住吉宮より小さな川を隔てた東方）にて対面する場面が絵二（図11）である。

蒙古は鳥飼浜に上陸後、赤坂に陣をとっていた。赤坂にある警固山を攻撃するために、周囲にある小丘を陣にしたのであろう。近世の福岡城築城以前には、現在本丸・二ノ丸がある山の周辺にも、いくつか小高い山があったことが地質調査ほかでわかっている。そのいずれかを占拠し、向城《むかいじろ》（攻撃用の対陣地）とした。少弐景資は、赤坂は馬の足立《あしだ》ちが悪いといっていた。鳥飼干潟に続く砂丘後背の湿地をいうのであろう。『絵詞』でも砂丘の手前を緑色で着色しており、足立ちの悪さを絵画的に表現している（三七頁、図10）。時間によって海水も入ってくる湿地では馬を操ることがむずかしい。蒙古軍はそこを嫌って東進するだろう。東方の博多で待ち受け、敵がきたならば、警固所の山にいる兄少弐経資率いる大宰府直轄軍とあわせて挟撃する作戦か。しかし敵の兵船が次の満ち潮に乗って、直接、博多沖の浜を襲ってくることも想定される。事実この後に多々良川河口への侵入があって、筥崎宮が焼かれている。那珂川河口である博多・沖の浜にもおそらく侵入があったであろう。困難にすぎる局面だった。景資の布陣は海陸両面作戦で、容易に持ち場を離れることはできない。

当初、竹崎季長は親族の江田秀家とともに行動するつもりで、兜の交換をしている。互い

図10　赤坂鳥飼浜に向かう季長五騎。奥（上）が青色で海、つづいて手前（中）が小高い砂丘、季長一行が歩む一帯（手前）は緑色に着色され、砂丘後背湿地で、馬の足立ちが悪かったことがわかる。この段階で季長の兜は鎧の色である萌黄（深緑）ではなく、赤に替わっていた。江田秀家の兜と交換していたためである。季長が主で資長が従であるかのように描かれているが、実は義兄資長が主であろう

に証人になろうと誓い、自分の兜ならば見つけやすいと考えた。しかし結果として季長は江田秀家と組んで、すぐ近く、見える範囲で戦うことはなかった。博多で待ち受ける作戦では、いくさが遅くなる（「大将を相待たば、いくさ、遅かるべき」）、肥後の国で真っ先に手柄をあげよう（「肥後の国の先を懸け候はん」）と考えて、少弐景資の部隊からは離れる選択をした。江田秀家は景資のもとに留まらざるを得なかった。約束破りをされ、期待も裏切られたから、さぞかし季長を恨んだことだろう。のちに季長が一門のなかで孤立する遠因になったと考える。

こうしたやり取りがあったから、少弐景資の前を通る竹崎季長は、軍列を離れることについて、釈明をし、了解をもらったのであろう。景資にしてみれば、鳥飼に上陸した蒙古兵にはまず菊池一族百余騎ほかを宛てたし、つづいて肥前白石勢百余騎ほかを第二陣として派遣する段取りをしていた。わずかに五騎の分派行動では効果など何も期待できないし、統率力も欠く。組織的にも好ましい行為とはいえない。しかし結果として変則戦法を容認したようだ。

長門国御家人三井資長は九州外の御家人であるから、遊軍的色彩が強い。直接、肥後国守護代である少弐景資の配下に入る義務はなかっただろう。よって季長も資長配下に入れば、少弐景資の軍命に従わなくともよいとされたのではないか。異国合戦でもある。景資は「互いに命はないだろうが、万一生きて会えれば、あなたの功績、手柄は申請しよう」と承認した。

沖の浜陣所（住吉宮東方）での対面場面は、こうした強い緊張下にあった。残念ながら右側の竹崎季長一行五騎が描かれているはずの一枚は紛失している。詞書から想像するに、咎《とが》められつつも馬上から降りようとしなかった姿が描かれていたはずである。

似絵＝虎皮の敷きもの

この画面でも、説明しておきたいことが一点ある。絵師による「似絵《にせえ》」なる注記である。

太宰少弐三郎左衛門尉・景資二十九・むま具足にせゑ　其勢五百余騎

似絵とは「実物に似せて描いた絵」の意味で、実景・写生である。その絵は粉本《ふんぽん》（絵の手本、画材集）をもとに描いたものではなかった。

つまり景資の「馬《むま》具足」が「似絵」であった。「馬具足」は馬具一式である。『絵詞』の中だと、のち安達泰盛が「馬具足、進じ候はん」と発言し、季長は馬と鞍、鞦《しりがい》、轡《くつわ》をもらう。

従来の研究は、この「馬具足・似絵」という注記を、多数の馬と、そして具足（鎧）が似絵

図11　馬具足似絵。少弐景資の鞍敷、泥障（あおり）は虎の皮を用いた豪華なもので、絵師はその遺品をみていたから、わざわざ似絵と注記した

である、と解釈してきた。なかには景資の顔が似絵だとする見解もあったが、『絵詞』作成以前に少弐景資は岩戸《いわと》合戦で敗死しており、この世の人ではなく、似絵はあり得ない。大勢の武者や馬が実写だったと解釈する研究者もいた。しかし絵師は蒙古合戦の頃には幼少だった可能性が強く、合戦を見てはいないだろう。実景・実写とはとうてい、いえない。粉本という画材集に倣って、描き進めたと思われる。

唯一、似絵で描かれたその馬具足は虎皮だった。景資の左横で徒士《かち》に曳《ひ》かれる馬の鞍には虎の皮がみえる。鞍の下にある泥障《あおり》（障泥とも書く。馬が撥《は》ねる泥をよける）のみならず、鞍敷《くらしき》（鞍の下の二重クッション・マット）の上側（切付《きっつき》という）と肌側（肌付《はだつき》という）のそれぞれに、方向を異にする縞模様があり、計三枚の虎皮がみえている。三点セット総虎皮の、みごとな馬具足といえる。

つまり虎毛の縞文様（虎斑《とらふ》）も実物をスケッチしたもの、となる。絵詞作成時以前に、少弐景資は討死していたわけだが、しかし彼の豪華な鞍・泥障は遺品として保存されていたらしく、絵師はそれをわざわざ実見して確かめた。それゆえに「馬具足似絵」と強調した。

この場面の主題は景資と季長の対面である。少弐景資は指揮官として着座しているのだから、馬はまだ必要ではない。馬が一頭のみ景資の前に曳かれるということも、実際の場面ではなかったはずだ。しかし馬具足を図示する必要があって、絵師はわざわざこの場面に馬を登場させた。どうしても景資の馬具足を描いておきたかったのであろう。

「馬具足似絵」なる注記には絵師の思いが込められている。よって絵師は京都の絵師ではなく、少弐景資遺品の虎皮の鞍実物を見ることができた、大宰府絵師と判断できる。

（3）鳥飼浜へ——異時同図法による死闘描写

菊池武房との対面

景資との対話ならびに釈明を終えて、季長は赤坂鳥飼方面に向かうが、その道で凱旋《がいせん》する菊池二郎武房の配下の百余騎とすれちがう。詞書に武房と季長二人の問答が詳しく記されているが、二人は初対面で互いに名乗りあう（一一九頁）。絵詞のなかで文永・弘安の両度とも登場する武士団は菊池一族のみである。菊池武房は『絵詞』のなかで絶賛されている。彼は紫の逆沢瀉《さかおもだか》の鎧に紅の幌《ほろ》をかけて、馬は葦毛《あしげ》とある。ゆゆしく（とてもりっぱである）、またすずしい（いかにもすがすがしい）と、最大限に賞賛された。

ただし現況の絵ではこの武房の姿は失われている。詞書に武房の端正で美しい姿が文字によって描写されているが、その絵は残されていない。左側にあった画面のみが残され、「〔武房〕手の者分取り数多《あまた》す」と注記された四騎が、砂丘の海側に描かれている。武房主従百余騎のうち四騎である。

このとき菊池勢百余騎は「凶徒の陣を破り賊徒を追ひ落として、首二つ、太刀《たち》と薙刀《なぎなた》の先に貫きて左右に持たせ」とあって、失われた右側、馬上にある大将菊池武房の直前か、または直後に、首を太刀、薙刀に刺して高々と掲げ、左右を進む従者二人がいたはずだ。それは『平治物語絵巻』に描かれている、信西入道《しんぜい》の首を薙刀に刺し貫いて掲げ進む徒歩武者四人と馬上の武将に瓜二つの光景であっただろう。

左目に的中した矢

竹崎鳥飼浜における季長と蒙古兵の至近戦は、『絵詞』でも最大のクライマックスである。

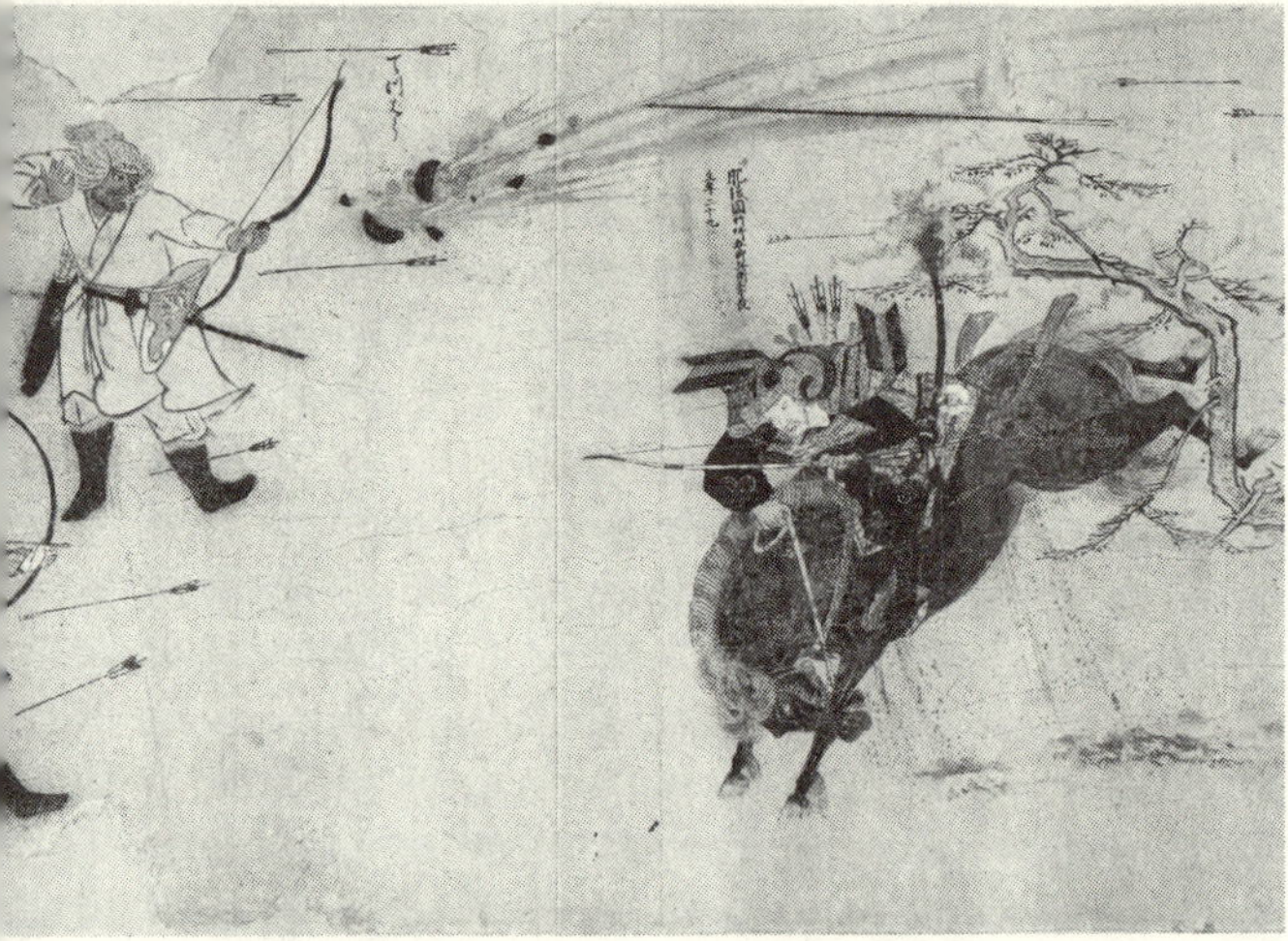

図12　季長奮戦図は異時同図法。季長が敵の目を射た時は馬は安定状態。3人の蒙古兵出現のため、馬も安定を失う

『絵詞』で最も著名で感動的なシーンであるが、これまでの研究は正しく読み込み得ず、むしろ解釈が混乱している。「てつはう」（鉄砲）の音、腹に刺さった矢に後ろ足で空を蹴《け》る青鹿毛馬。その馬に必死でしがみつく季長、その六尺ほど前方左、いわば一馬身の距離差という至近に、屈強な三人の蒙古兵。

この季長奮戦図を描くにあたり、絵師は周到な工夫を凝らしている。すなわち異時同図法である。三人の蒙古兵出現以前の様子が、異なる時間帯として、画面前方、左側に盛り込まれた。季長の前にいる蒙古兵多数は一様に逃げ惑っている。蒙古兵の背には矢が中り、血も流れている。倒れて歩けない者もいる。しかしそ

の先にはひるむこともなく、逃げることもなく、果敢に季長に矢先を向けている二人の兵がいる。奥の赤い服は矢を射終わった直後、手前の緑色（剝落）の服の男は矢を射ようとするところなのだが、驚くことに、その手前の男の左目に矢が的中している。目から噴出する血潮が膝《ひざ》あたりに落下している。

矢羽には模様がある。当時の武士の矢は一人一人、羽の模様が異なっていた。弘安の役で生の松原に勢揃いする菊池一族の矢羽をみると、黒の有無によって白羽、黒羽、また黒の部分の位置によって、褄黒《つまぐろ》、中黒《なかぐろ》、本黒《もとぐろ》、また斑《まだら》模様であれば切斑《きりふ》、それの組み合わせによってさまざまな矢羽の模様があるが、全員が異な

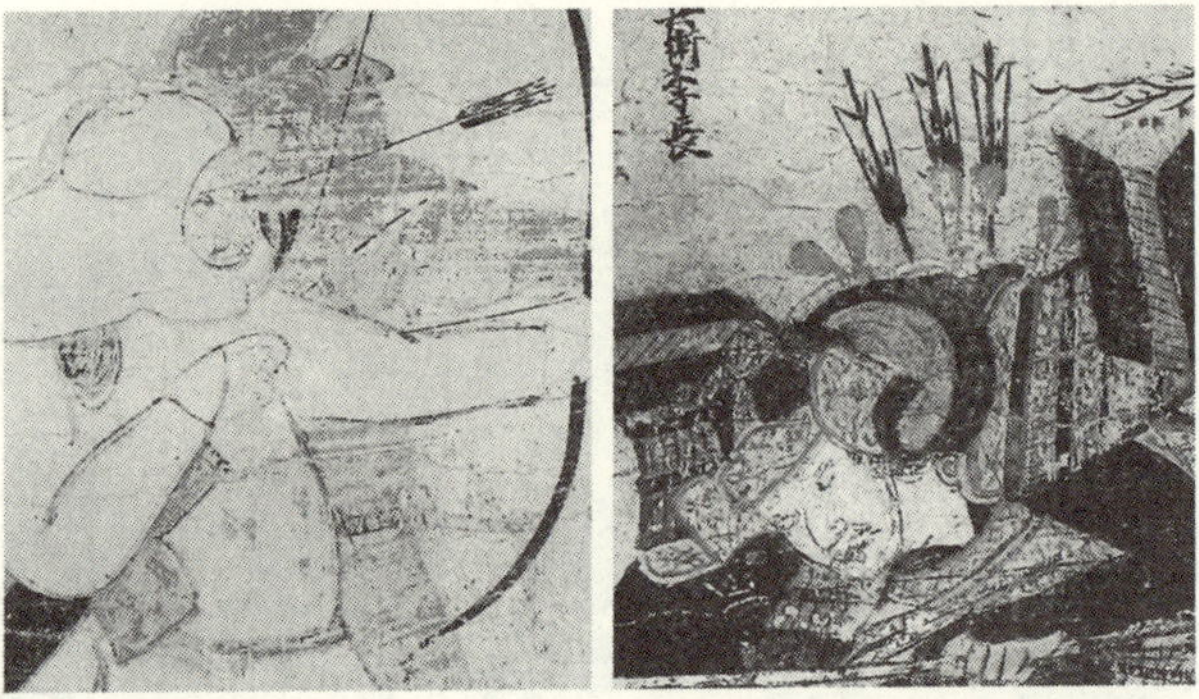

図13　蒙古兵の目に的中した矢（左）。その矢羽の形は本黒に切斑模様で、竹崎季長の箙の矢（右）とまったく同じだから、射たのは季長とわかる。いずれも図12の部分を拡大したもの

図14　菊池一族の矢羽。模様が一人一人異なっており、左から順に褄黒、本黒、中黒、褄黒切斑、切斑

っている。

矢羽が一人一人異なっていれば、戦況報告の際にこの敵を射た矢は自分が射放った矢であって、的中させたのは自分であることを証明できる。そうでなければ、人の手柄を横取りしたり、されたりが、頻繁に起きてしまう。重要な矢には名前や家紋を書き入れることもあった。

季長の箙《えびら》（矢の収蔵具）に残る矢羽の模様は本黒の切斑であった。そして蒙古兵の目に的中した矢の矢羽を見れば、まさしく本黒の切斑であった。

時間差の描写

季長がいかに弓の名手であったかが、ここに示されている。顔ばかりは鎧で覆うことはできない。とりわけ目は全身のうち、唯一防具で守ることが不可能であって、どうしても露出せざるを得ない。その目に的中すれば、死に匹敵する打撃を与えられる。戦闘継続は不可能となるから、最も有効な射撃であり、名人にしかできない。季長は敵の目に中《あ》て得る技量を持つ弓の名手であった。詞書には詳細が記されていないけれど、季長は敵の目への的中を描くよう、絵師に指示した。

しかしながら、右の画面に描かれているような、馬が跳ね上がった状態から的中させることは無理に決まっている。敵の目に的中させ得た姿勢は、資長同様、走りながらで追物射《おうものい》（騎射）であろう。ほとんど奇跡に近い射撃となる。

卓越した射撃により的中させる場面と、跳ね馬は明らかに対応せず、時間差がある。その時間差を同じ図に描く。異時同図である。的中させ得た矢を放って数呼吸を置いた後、至近の位置に突然、三人の蒙古兵が出現した。跳ね馬は三人の蒙古兵に対応している時間帯の画面である。至近で破裂するてつはう（鉄砲）もこの時間帯である。馬は音を嫌う。すでに過剰な興奮状態になっていて、暴れだした。季長は馬の操作が不能になったところを襲われる。青鹿毛の馬は後ろ足の付け根に矢が中り、血を流し、さらに跳ね回る。落馬寸前、馬上の季長も膝を射られ、血が噴出している。

蒙古兵三人とはほとんど距離がない。この位置で外すような武人がいるとは思われない。二人が弓矢で、一人は長槍《ながやり》だった。季長はすでに膝に矢が中っているが、間もなく、さらにもう一本か二本、敵の矢が中り、致命的な傷を負うであろう、必死の場面であった。そこを救ったのが直後に迫っていた白石勢・百余騎である。

白石勢による救助

肥前国御家人白石《しろいし》一族の軍団は、画面には八騎が描かれているが、注記に「白石六郎通泰其勢百余騎、後陣より駆く」とある。九〇騎以上が省略されているので、詞書を読む人は、後から続く多数の騎馬武者を頭に描く。八騎のうち、左前方から右奥にかけての四騎は、ほとんど所作動作が同じであって、弓に矢を番《つが》えており、弦《つる》は大きく後ろに張られる。明らかに敵の姿が目標として見えており、五〇メートルほどの射程距離内には蒙古兵、これも多数がいた。一秒か二秒後に矢は放たれる。手前側にいる白と茶色のぶち(斑)馬に乗る一騎は横向きで、矢はまさに番えんとしているところ、弦はまだ引かれてはいない。後方の三騎はいまだ矢を番える前だから、この画面のなかにも三つの時間差が描写されている。

季長苦戦の場面に弓を力の限り引き、射るばかりの大軍団が疾走してきた。これでは三人の屈強な蒙古兵も逃げざるを得ない。季長を射止めて首を取ることは断念し、あわてて逃走する。

よって画面は左右にきわめて長い状態で連続している。この間には三井資長の奮戦も描かれる。資長の前方には馬で逃げる二騎と徒歩で逃げる八人が描かれている。最後尾の蒙古兵に中る矢羽は本黒の切斑で、資長の箙にある矢の模様と同じである。馬上から蒙古兵二人に的中させた資長の技量は相当なものだが、それでも厚手の軍衣の上からだったから、季長のように致命的なダメージは与え得なかった。左端には麁原山《そはらやま》の山裾《やますそ》に陣取る蒙古軍団も描かれている。一連の流れが右から左に描かれ、絵詞中にあっては、極端に長い場面となるが、

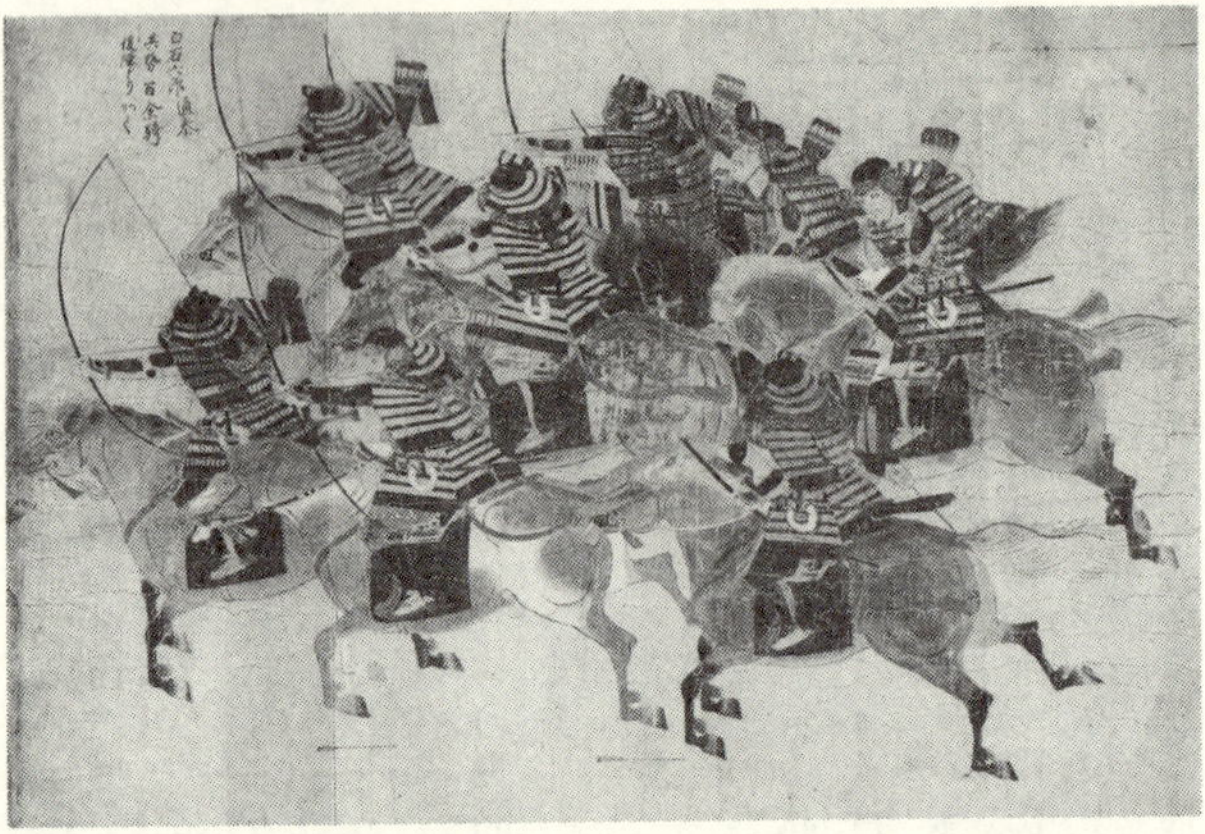

図15　白石勢。すでに先頭は満々と弓を引き絞っている。敵は目前にいる。粉本を元にコピーのように武者が連続するが、かえって機械的な美しさがあって、絵師の技量がわかる

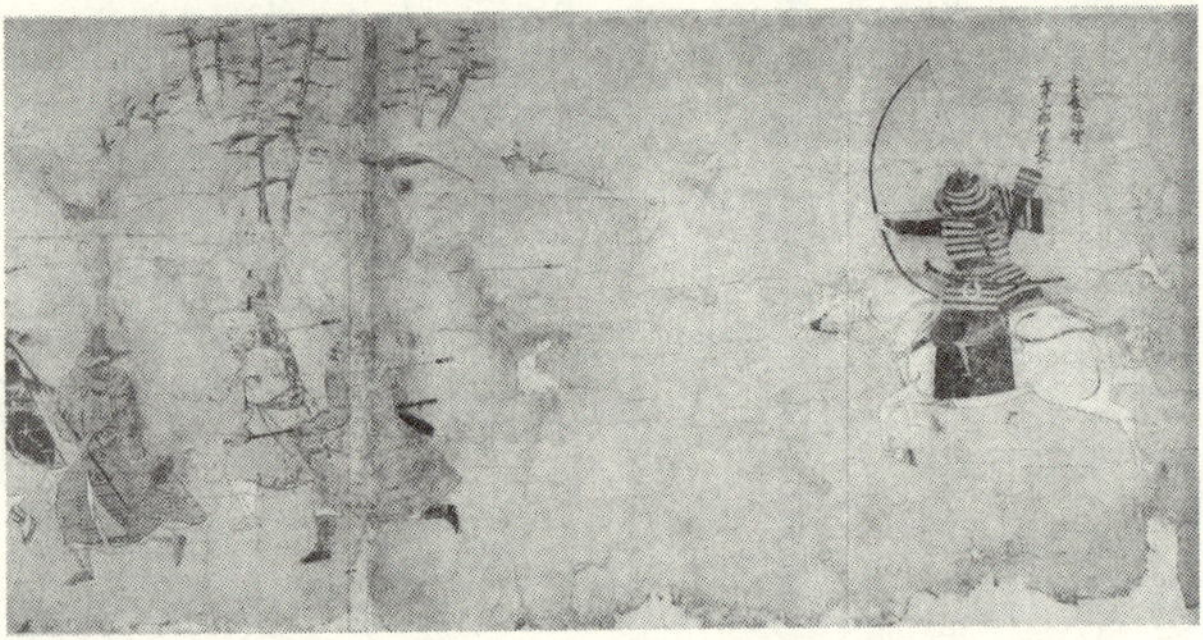

図16　蒙古兵の背に矢。矢羽根の模様は三井資長の矢だから、資長が射たとわかる

クライマックスだから、見るものは息をのむ。次の場面はなく、季長にとっての文永合戦はここで終わる。

獰猛《どうもう》な三人の蒙古兵の衣服には、輪郭の縁取りがある。熊本藩による修理の際に、この縁取りのみが補色された可能性があるかもしれない。のちにみる鎌倉安達邸の場面でも、縁取りのある人物が数人いる。またこの三人の画風は、明らかに他の敗走中の蒙古兵の描写と異なっている。絵詞を製作する工房には複数の絵師や絵師見習いがいた。背景のみを描く人、単調に連続する構造物を描く人など、力量、経験によって役割分担があった。絵詞を執筆した人物は複数いて、数多い兵士、その他大勢はスタッフが描いた。見習いによる執筆かもしれない。主要場面の三人と季長は、棟梁《とうりょう》自らが、最後に筆を執った。蒙古兵三人の描写がすぐれた迫真のものになった理由ではあるが、跳ねる馬は粉本に依拠したから（ほぼ同様の構図が『平治物語絵巻』『随身庭騎絵巻《ずいじんていきえまき》』のような他の絵巻物にも見えている）、敵が射る馬の右側（見る側からは左）に矢が中ったようには描けなかった。矢は馬の左側に刺さっている。

さて、三人のうち左にいる人物の右腕が、逃亡する蒙古兵の皮マントの裾部に上描きされて、下に透けて見えている。最後に棟梁が筆をとって完成としたからこうなった。槍を持つ男を描き上げる上で、すでに描かれていた逃げる兵の上に重ね描きした。こうしたことはよくある。経年変化がなければ下は透けない。この重ね描きを取りあげて、逃げる蒙古兵の上に重ねて描かれた新出現三人の蒙古兵は、後世の加筆であるとか、江戸時代の追筆だとか議論されたことがあって、そうした見解に依拠した教科書も複数登場した。むろん正しい読み方ではない。敵の目に季長が放った矢が中る場面と三人の蒙古兵逆襲は異時同図で、一体化されている。三人の蒙古兵がいなければ、またてつはう（鉄砲）が破裂しなければ、馬が跳ねる場面にはならなかった。

日本画は岩絵具を重ね塗りして、修正していく。加筆はこの絵巻にも、どの絵巻にもある。弘安の役の首実検での季長は、当初は直垂《ひたたれ》・袴《はかま》姿であったが、途中から鎧着用に変更されていて、鎧の下には見えるはずがない直垂や袴が透けて見えている。絵師による加筆・修正なのか、それとも描画の手順なのか、わからないが、経年変化・劣化によって顔料が剝落し、下が見えている。こうした例は河野《こうの》八郎（河野通有《みちあり》陣）にもある。それを後世の追筆などとしたのでは、クライマックスの場面に描かれた要素――てつはう（鉄砲）、跳ねる馬、その馬に中った矢、馬の腹からの流血、季長自身の出血などが意味するものを正しく読み取ることはできない。

第二節　『絵詞』に描かれた弘安の役の推移

（1）六月八日、志賀島奪還戦

博多湾海上合戦・その1——詞書

次に、弘安の役の検討に移りたい。

『絵詞』は季長物語、季長勲功録だから、弘安の役については竹崎季長が参戦したところから始まっている。すなわち彼が「肥後国一番に引付に記された」といっている合戦である。先に、張成墓碑銘や右田文書、『壬生官務日記抄』によって考察してきたとおり、それは六月六日から九日にかけての日本側の反撃＝総力戦のうちでも、昼前に戦われた八日の海上合戦となる。

さて接続状況不明とされて、後巻の最後尾近くに置かれている詞書（後三十八紙）が、八日合戦の説明であることはすでに明らかにした（六八～六九頁）。現状ではその前に敵船乗り込み（閏七月五日）、首実検（閏七月六日）が接続されているが、それよりも前、二ヶ月前の場所に配置されなければならない。これまでは博多湾合戦とは認識されておらず、池内著書では壱岐合戦（六月二十九日）とされていた。むろん壱岐に向かったというような詞書はない。壱岐であれば至近の港津は肥前呼子、ないしは名護屋だから、そこから出発するだろう。東路軍は直接壱岐と志賀島の海上を往復するが、日本側が壱岐を攻撃するのなら、肥前からの方が早かった。しかし「生の松原にて守護の見参」を得たと明記されているように、季長は生の松原周辺にいた。よって壱岐作戦に参加はしていない。さきにみたように壱岐作戦は肥前国御家人のほか島津勢などが参加していて、肥後国御家人は博多湾守備に専念していたはずである。ここでは詞書が博多湾作戦を描写していることを明らかにしたうえで、戦いの様子をできるかぎり復原してみる。

季長隊が（敵の）陣に押し寄せて、合戦をして疵を負った人物は、

①久長の手の者である信濃国御家人有坂の弥二郎吉長、
②久長の甥《おい》式部三郎の手の者岩屋四郎久近、
③畠山の覚阿弥陀仏、
④本田の四郎左衛門兼房

の四名である。季長はこの四名を（季長および配下が傷を負うほどに戦った、その手柄の）証人として申請した。季長船に乗る（小野の）頼承は手負いとなったため、弓を捨て薙刀に持ち替えて、「押し寄せよ、乗り移らん」とはやったものの、これも水手が櫓を捨て、（櫓を）押さなかったので、力なく乗り移れなかったことである。

①②の久長は絵詞に「薩摩国守護下野《しもつけ》入道久親《ひさちか》同舎弟久長」と明記されるように、守護久親の弟である。守護久経（久親）の弟に長久がいたから、これまでの研究は、久長は長久の

書き誤りとしていた。しかし長久が兄で、久長はその弟、つまり別人である。惣領《そうりょう》は、当初は修理亮でのちに下野守となった人物で、久時（建治二年～弘安三年）→久親（弘安四年）→久経（弘安八年以前）と名を変えたと考える。久親の舎弟であった久長という人物は系図には見えない。しかし系図に弟の久時がいる。惣領である兄が久時を名乗っていた時に、二人の久時がいるはずはない。彼は別の名前を名乗っており、系図の弟久時がはじめ久長と名乗っていたのだろう。兄が久時の名前を変更した後にその名を拝領したと考える。

この久長（系図の久時）は惣領大隅守忠時《おおすみのかみただとき》（久経父）の五男だったようで、大隅五郎を名乗ったらしい。その子と思われる大隅五郎太郎という人物が、弘安十年の山田《やまだ》文書にみえており、久親法師とある。彼も伯父《おじ》である惣領久経の旧名・久親を得ていた。久長（久時）・久親父子は、ともに蒙古合戦に大活躍した兄、また伯父の久経（旧名久時・久親）を畏敬し、その名を得ていたようだ。

久長甥として『絵詞』に見えていた式部三郎（前記②）は他の史料に「大隅式部三郎忠光《ただみつ》（忠充）」とある人物で、「弘安四年異国合戦」に「守護代」として参加していたと記されている（正応三年・旧記雑録、および年欠新田神社文書）。久長（久時）も甥忠光も守護の近親者であり、ともに守護代として活躍した。従来、久長のことだとされてきた長久は弘安合戦の前後を通じて「大炊助長久《おおいのすけ》」の名乗りを変えていない。兄弟ではあるが、久長とは別人で、久時・久長が博多湾防衛に専念していたのとは異なり、長久は壱岐作戦に従事する薩摩国御家人を肥前方面にて指揮していた。

博多湾海上合戦・その2——絵

絵・後二十八紙には海上作戦が描かれている。この絵はさきに述べた詞書・後三十八紙に対応するものである。これまでこの絵と詞書の両者が結びつかなかったのは、詞書には乗り馬の死など、地上戦の様子が詳細に描かれていたからであろう。しかし前半には水手が櫓《ろ》を押さなかったために、船に移れなかった、と書いてあるのだから海上戦である。

一六四頁に述べた通り、詞書には季長および手の者が疵を負ったこと、そして証人になった者、つまり直近の位置にいた者が島津氏の一統であったこと、季長の手の者である小野頼承が怪我をしながらも敵船に乗り移ると主張したけれども、水手が船を進めなかったため、断念したことが書かれていた。水手は通常、鎧を着ない。漕ぎ続けるという運動には邪魔なだけで、万一櫓の操作を誤って海中に落ちれば、確実に死が待っている。真夏でもあり、褌《ふんどし》だけの非武装でとおした。接近戦は危険にすぎ、形勢不利であれば射程距離（約六〇メートル）の圏外に留まり、櫓は押さなかった（ただし『絵詞』には甲冑《かっちゅう》を着用する水手が描か

図17　左は原図（絵・後二十八紙）。季長は風下で低い位置、劣勢に。志賀島奪還に失敗。右は著者の推定による復元図（真田珠里氏作図）

れているが、誇張・虚構と考える）。

馬を殺され、疵も負った。この戦いはほとんど負け戦だったことがわかる。詞書にあるように、場面は二つあって、博多湾上、おそらく能古島沖辺りで行われた戦いと、志賀島陸上で行われた戦いである。このうち季長本人が参戦したのは能古島沖合戦で、後二十八紙にはその能古島沖海戦での激闘が描かれていると考える。

船は猛スピードで右に向かってくる。手前の船の櫓が右の海中にあるから、現在のボートのように後ろ向きに漕いでいたようだ。櫓ではなく櫂《かい》（オール）である。奥の船の櫂は左海中に向かっているから、やはり漕手は後ろ向きと考える。盾は奥の船には揃っているが、手前の船にないのは実態とは違い、戦闘する兵士を描き、見せるための意図的な省略であろう。

旗を見ると縁が縮《ちぢ》れている。この絵巻全体を通じて、蒙古軍の旗はそのように描かれている。他の絵巻物、たとえば「玄奘三蔵絵《げんじょうさんぞうえ》」でも中国の旗は一様に縁が縮れているから、絵師の約束事、粉本にそのように描かれていたのかもしれないが、季長が見た実景でもあろう。

その蒙古旗を見ると左から風が吹いていることがわかる。ふつうは船が進行すれば、後方に旗がなびきそうだが、逆になっているから、かなり強い風が左から吹いていた。手前の船の旗は後方に向いているが、これは旗手が強く振っているからであろう。蒙古軍には追い風、日本側には完全なる逆風であった。手前の船、奥の船ともに日本側の射撃に倒れ、血を流すものが各一名いる。手前の船の兵は首に的中したらしく、流血もおびただしく、海面にまで血が流れている。日本側からの矢はほとんどが下から上向きに射られて、船の板や盾に突き刺さっている。日本側の船がよほど低い位置にあったことがわかる。この刺さった矢の向きを右に延長すれば、そこには季長が乗る船が描かれていたはずである。奥の船には下を向けて射放とうとする蒙古兵が二名いる。むろんその矢の先、標的となる位置には季長がいた。手前の船および奥の船の蒙古兵のなかに、仰角を狙う兵がそれぞれ一名いる。その放物線の落下地点に、標的となる別の日本船・日本兵がいた。

このことから、失われている右側の料紙に描かれていた画像が推定できる。まずは季長の船一艘で、季長は矢を射た直後である。むろんその矢が敵兵の狙撃に成功している。的中した矢と、季長の箙の中の矢は、矢羽の模様が同じであろう。同じ船には、はやる小野頼承が血を流しつつも果敢に薙刀を握っているが、その後ろの水手はまったく櫓を押そうとはしていない。善戦とはいえず、かなりの劣勢であった。

横には島津方の島津久長手の者、信濃国有坂吉長ほかが兵船に乗っていた。

絵によって日本側がなぜ敗れ、志賀島を奪還できなかったのか、その理由がわかる。まず逆風であった。風に逆らって強い弓を引くことは困難である。日本船団は風上に出ることに失敗した。風上に出る前に敵船団に発見されてしまった。いっぽう、敵は風を利用して強力な射撃ができた。

季長の船の場合は船が低すぎた。高い位置から低い位置めがけて射る弓矢の威力と、逆に低い位置にいて高い方に向ける矢では、どうしても威力に差が出た。

志賀島隊も二人が怪我をし、馬は二頭も殺されており、季長部隊は惨敗だった。日本側全軍も劣勢で、志賀島奪還に失敗した。

なお奥側・蒙古船の後方には胸の辺りが真っ赤で、三つ巴《みどもえ》模様が描かれた正体不明の円形状物体を持つ人物が二人いる。おそらくこれが、季長が認識していた投擲《とうてき》前のてつはう（鉄砲）ではなかろうか。おそろしい音で破裂する火の玉を季長はこのような姿のものと考えて、絵師に描かせた。季長はこの時も「てつはう」に苦しめられたであろう。

図18　絵・後三十一紙。強い追い風で友軍支援に急ぐ蒙古兵。矢は番えておらず、戦闘態勢には入っていない。図17とは、１枚おいて接続する

さて、この絵二十八紙にきわめてよく似た絵が三十一紙である。まず海上の波の立ち方が酷似している。左から右に強い風が吹いているところも同じである。兵の軍装も同じである。盾を揃えているが、まだ武器使用には至っていない。友軍の支援に急ぐところであろう。時間差があった。右端に大型船の船尾らしき姿が描かれている。絵二十八紙と絵三十一紙は連続するが、直接には接続せず、母艦クラスの大型船が描かれた場面を挟んで、全体が敵の大船団になると想定できる。

よって六月八日の博多湾・海上合戦は連続する長い画面の海上合戦として再現された。絵二十八紙と絵三十一紙は、現状では詞書の最後尾に置かれている後三十八紙の詞書に対応する絵で、ともに一体となって弘安の役の冒頭に置か

れるべきものである。

なお絵二十八紙と絵三十一紙は色調が異なっており、二十八紙の色調はかなり鮮やか、三十一紙はくすんでいる。これは文永の役でも、同一画面である季長一行（前十三紙）と引き返す菊池手の者（前十五紙）の色調が異なっていたことと同様の現象であろう。劣化・退色の過程に差異があったか、あるいは一方のみに補色があったかのいずれかで、おそらく後者である（補色については一四四頁に述べた）。

（2）水中の男

志賀島潜入

竹崎季長武勇伝である『蒙古襲来絵詞』には、季長の行動しか描かれていない。ところで『絵詞』中に、敵に奪われた志賀島が登場する場面がある。この料紙は、修理がなされた寛政段階ではバラバラになっていて、前後の接続がわからなかったらしい。いまは首実検場面の前の詞書の前に置かれている（後三十五紙）。対応する詞書も失われていて、迷子の状態で、やはり最後尾近くに置かれている。よって詞書がないので、絵に描かれた内容そのものを復原することによって、絵詞のストーリーを読む。

画面中央に墨文字で志賀大明神と書かれている。その左にある社殿が志賀大明神（志賀海

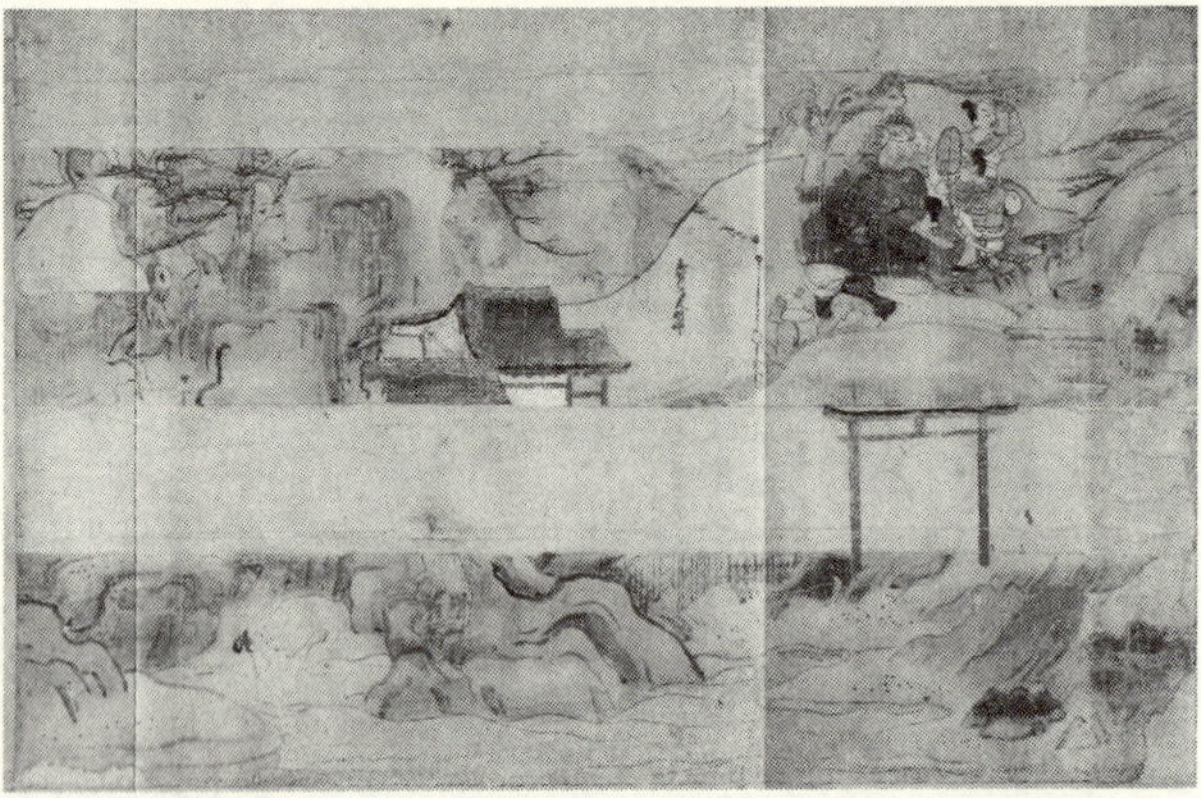

図19　画面の右が蒙古側の要塞となった志賀島。鳥居の左手に柵列。鳥居の位置は描き直されている。絵・後三十五紙

神社）である。文字の右に大男がいる。その大男は周りの兵と比べて顔は四倍ほど、背丈は三倍ほどもある。大将だったから大きく描かれた。服も赤い。大男は、左手こそは大刀に軽くふれているが、あぐらをかいており、ゆったりとくつろいでいるようだ。さらにその右に従兵が二名いて、一人は周囲を警戒している。警戒する兵はどっかりと座っているわけではなく、右の片膝を立てていて、なにか怪しい気配があればただちに動くことのできる体勢をとっている。右側従兵の一人は大男と話をしている。大男の手前にも、兜を被って鋭い穂先の槍を持ち、警戒に当たる兵がいる。その横にも兵がいて、兜のみが描かれている。警戒がすこぶる厳重であった。

全体に見える薄緑は草であろう。季節は夏で、むろん弘安の役である。大男の赤い服の下に、なぜか草の青が転々と入り込んでいる。草の青が描かれた後に大男（大将）が描かれたようにもみえるけれど、大男の刀や右手前従兵の腰紐《こしひも》は緑によって消されているから、描写の前後関係は複雑である。緑は補色であろうか。

大男は黒い大刀Aを腰に差しているが、その上にも刀Bの鞘が描かれている。二本の刀の位置は全くバランスを欠いている。本来、当初描かれた人物は、Bの刀をさしており、さほど極端に大きくはない人物が描かれていたのだが、やや迫力を欠いたらしく、描き直されたのだろう。

正しい鳥居の位置

この画面ではほかにもいくつか描き直しが見られる。志賀大明神の文字の位置に、ほとんど抹消されている鳥居がある。本来は鳥居を描いてそのなかに志賀大明神と書いていた。鳥居はどこに描き直されたかというと、右下、海岸近くである。真っ白の帯、すやり霞《がすみ》も描かれている。すやり霞は雲のようなもので、絵を省略しながら、余白感を持たせる。多くの場合、そこには何も描かれないはずだが、季長の主張に基づいて、霞の手前に鳥居が描かれた。季長は鳥居の位置に相当にこだわっている。自分自身で志賀島の鳥居を目撃していたからだ、と推測する。鳥居の場所は海岸辺でなければならなかった。

城塞化された区域

描き直された鳥居の左を見ると、浜に近く、先の尖った柵列が左右に描かれている。一部は直角に曲がってもいる。そして変則的な板塀があって、狭隘《きょうあい》な入り口のようだ。城柵の門にちがいない。また霞の中の鳥居の上には茅葺きの門があって、軒下には、すやり霞に隠れているが、重厚な備えのある門があるように見える。志賀島の東方、柵列よりも内側は、蒙古・高麗軍によって城塞化されていた、とわかる。社殿左側(北側)まで城塞域に含まれていたらしい。

さて、さきに大将脇《わき》の兵が小手をかざして周囲を警戒しつつ、片膝を立てていることを確認した。絵巻物は右から左に絵を巻きながら読んでいく。右側にあった画面は、左に行くにつれて新たな展開を見せる。要塞の中では厳重な警戒態勢が敷かれていた。蒙古側はいつでも飛び出せるような体勢までとっている。であればどこかに、彼らが警戒する人物がいるのではないか。日本人がひそんでいるのではないか。

船隠し

絵巻は読者の想定通りに展開する。海岸の岩陰に男が二人も隠れていた。

図20　蒙古の大将と周辺を警戒する兵たち。図19の右上を拡大したもの

図21　図19の鳥居周辺を拡大したもの。鳥居の左は柵や板塀で城塞化されている

図22　水中に潜む男たち。図19の左下を拡大したもの。２人の侍は、季長本人か、手の者。志賀島偵察隊

彼らは数刻前には城塞化された志賀島に侵入しようとしたが、あきらめたものだろうか。鳥居が見える位置にまでは行っていた。柵で固められ、簡単には侵入を許さない。いったんは戻って、敵からは見つかりにくい岩陰に潜んでいた。その岩陰は小さな入江で、前方左右に岩があって、一見しただけでは奥に海が続いているとは思われないし、奥は切り立った崖になっていて、人が簡単には近づけないような地形である。このような地形は船隠しという地名で呼ばれることがある。船を隠すのに最適地であった。

右側の人物が上がっているところは、もし右手の柵近くにいるものに気付かれなければ、神社本殿の背後に回れそうな地形であった。また入江の左手にも、上ることのできそうな緩やかな斜面がある。はたして彼らは何者なのか。何をしようとしているのか。

偵察

読者はすでに察知されたであろう。彼らこそ季長その人か、そうではなくとも季長の手の者のはずなのである。左の一人は水中にいる。船隠しに入って、水深を測っているようだ。満潮であれば船が入るのか、干潮でも船が入るのか。あるいはいずれも無理なのか。

右の人物の右手には紐のようなものがある。彼も何かを探っているようだ。この人物は頭部が、すやり霞で消えている。当初は描かれていたようで、かたちが残っている。現状では草を示す緑色で上塗りがされている。よって海中の人物の方が重視されており、主人であろう。陸上の人物は従者で、従者の側はすやり霞だけでなく緑色でも消されているが、これはのちの補色かもしれない。左、水中の男が季長の可能性が高い。

季長たちは船隠しを見つけ、碇泊は可能なのか、干潮時にも船の移動が可能なのか、さらにはその地点からの通路の有無などを確認していた。夜間にここにやってきたにちがいない。運んできた船は姿がなく、いったん戻していたらしい。

研究史をひもとくならば、早く昭和の初めに中山平次郎（『元寇史蹟の新研究』一九一五年）が、絵詞は季長勲功録なのだから、この人物は季長関係者であると指摘していた。正しい指摘であった。ところが中山説は一〇〇年近くも忘却された。今日『蒙古襲来絵詞』の、最も入手しやすいテキスト・解説書となっている小松茂美『日本の絵巻』では、二人は蒙古人だとしている。「入り江の中に二人の蒙古軍の兵卒が水浴みをしているのがみえる」。それではストーリーをまったく説明できない。画面の一つ一つの要素が、戦場の緊張を描いているということを理解していない。小松氏はつづけて「いったい、なにを描こうというのであろうか」としており、自分でも理解不能であったと吐露している。

陸上の男は日本風の褌をしている。高麗・蒙古人ならば特鼻褌（パンツ）を着用したと考える。水中の男はまげを結っている。高麗・蒙古人はミズラのような髪型で描かれている。

海中の男たちは、明らかに日本人として描かれている。

海上からの蒙古兵

絵巻物は右から左に巻きつつ読んでいく。志賀島の情景はここで終わったのだろうか。それともさらに巻き進めば新たな展開があるのだろうか。志賀島の場面（三十五紙）の前に置かれた二枚（絵三十三紙・絵三十四紙）には、海上にいる蒙古兵が描かれている。上の段には重なりあう二艘、下の段に一艘、計三艘の蒙古船が描かれている。手前の船の先頭に旗があり、文字が書かれている。漢字ではなく、パスパ文字らしい。季長が目撃した文字を、季長の記憶によって、特徴的に描いたものか、ないしは戦利品として遺物があったのだろうか。よく特色を捉えている。蒙古船内に兜を着用したり、マントや鎧を着用するものもいるが、少ない。軍装は解いていた。とはいえ、槍や弓は手にしているものがほとんどである。休戦中であるけれど、警戒を緩めていないことは、その表情からわかる。みな険しいのである。ほとんどの兵が厳しい表情で警戒している。そのなかに一人だけ、顔を反対に向けながら視線は左（画面向かって右）にある人物がいる。右手で指さしているのだ。

指さす先に何があったのか。賢明なる読者は、気付かれたことだろう。そこには料紙一、二枚程度を挟んで、見える範囲内に志賀島があったはずである。そう、あの入江に潜んでい

図23 海上で休戦。しかし警戒を怠らない。島でのあやしい動きを、1人の兵がみつけたようだ。絵・後三十三紙・三十四紙

図24 島でのあやしい動きに気づいた蒙古兵。図23の中央下を拡大したもの

が、突如として動きだし、モンゴル兵たちが……

た季長隊の二名がいる。

指さしながら男がモンゴル語（ないしは高麗語）でいった。「おいっ、今あの島の陰で何か動いたぞ。怪しいやつがいる」

季長たちは海上で見張っていた蒙古兵に、とうとう見つかってしまったようだ。迎えの船がやってくる夜になるまで、島の中で隠れつづけられるのか。

さて、この一連の画面は、二ヶ月以上に及ぶ弘安合戦のどの時点に位置づけられるのだろうか。発見者の乗る蒙古船は休戦中であった。当初に激戦があって、ついで休戦期間があった、という順になろう。最初に六月八日の博多湾海上合戦があって、それを受けて休戦中ではあったが、果敢なる季長隊による情報収集作戦が展開された。この順序になると考えたい。

＊なお停泊船手前側の船、その左から四番目の兵が腰にする大型の筒が、「てつはう」を発射する火器であるとみる研究者もいる。どうであろうか。先の円形状物体（一六九頁）はそれよりも大きく描かれているし、また船からの投擲用にもみえる。

こうして接続順不明で巻末に置かれていた絵と詞書を本来の位置に戻すことができた。弘安の役の前半戦が絵詞によって復原された。季長は博多湾・能古島沖海戦で激闘し、痛手を被りながらも反撃の機会をうかがい、志賀島に潜入し、情報を収集した。あやうく敵に発見されそうになった。その結末は、やはり書かれていない。文永の役以来、これまでにも幾度となく危機があった。おそらくは季長が読み進めながら、見るものに対し、絵解きを行ったのだろう。

――いいか、お前たち、わしはその危機を脱したんじゃ、こうやってな。

（3）臨戦態勢の河野陣所

河野通有の仮屋形

巻末ではなく、後巻冒頭に置かれている絵については、対応する詞書がないが、注記があるので、河野通有の仮屋形《かりやかた》（陣所）とわかる。ただしいつの段階、何月何日のものなのかわからない。季長が着用しているのが緋威《ひおどし》鎧であるから、弘安の役である。詞書はないが、他の絵にはない、細かな注記がある。

まず季長は完全軍装で、大鎧着用である。対面しているのは、伊予《いよ》・河野六郎通有、三十二歳。注記に、通有の家では合戦が終わるまでは烏帽子を着用しないとある。それで彼は無帽で描かれている。また通有の直垂は、平家合戦の際に先祖の四郎通信《みちのぶ》が源氏に味方した時に着用したものだ、と注記がある。二人は貫《つらぬき》という皮沓《かわぐつ》を着用して畳に座っている。畳は床全面に敷かれてはおらず、左右の縁にあった。板の間の右手前に一枚だけ畳がある。季長は貫沓を縁側に出して座っている。通有は貫沓のままで畳に座っている。戦場だから沓を履

図25　河野通有邸。絵師が妻戸を描いたのは誤りで、本来ははずしてあった。その注記は扉に朱字で書かれている

いたままであった。

通有の左側の縁に座る人物は通有嫡子河野八郎とされる。父親三十二歳だから数え十八歳（満十七歳）の時の子だとして、十四歳での元服か。童顔の八郎は小具足着用である。脇楯《わいだて》と呼ばれる右手《めて》草摺《くさずり》一枚を着用している。このあとに大鎧を着用することによって、完全な軍装になる。左手《ゆんで》には籠手《こて》（肩まである）を着用している。通有が平服で、沓を履いている以外は完全に休憩の状態、八郎は半ば軍装を解いた状態である。通有も八郎も手に軍扇を持つ。庭には右側に季長の手の者、左側に通有の旗指がいる。

よくみると八郎の脇楯が描かれた下に、斜めの線があったことがわかる。袴であろう。絵師は当初は袴から描きはじめた。河野親子はいったん軍装を解いており、貫沓以外は平時の衣装であった。

この画面は詞書がないが、合戦終了後に、季長が支援をしてくれた河野通有陣に礼をいいに行った場面だと推測できる。先の六月八日合戦の次か、あるいは志賀島偵察の後に置くことができよう。さきにみたように、「合戦落居せざる間」は烏帽子を着けないと注記されており、通有もそのとおりに烏帽子を着用していない。閏七月五日よりは前であろう。

朱筆注記で「妻戸不可有之、所絵師書違也」（妻戸はあってはならない。絵師の書きちがいである）と書かれている。絵師本人がこうしたことを書くはずはないから、依頼者（季長）側からのまちがいの指摘である。戦場での仮屋形だから、みな土足（貫沓着用）であり、妻戸（扉）は瞬時の行動に支障を来さないように、あらかじめ外してあったのに、絵師は妻戸を描き込んでいた。妻戸がなければ外部の物音も聞きやすく、ただちに飛び出すことができる。妻戸を外すという河野陣での周到さを、季長は記録に残すべきだと考えていた。ところが絵ではそうなっておらず、落胆したので、せめてもと注記をさせた。軍装は解いても全体では臨戦態勢を敷き続ける河野の家を記録したかったのである。

『予章記《よしょうき》』という別の本に河野通有が怪我をしたと記されていることから、かつてはその見舞いの光景とした研究もあったし、なかには伊予の場面としたものさえあったが、この絵では通有は怪我をしておらず、それらの解釈は当たっていない。

図26　生の松原。勢揃いの菊池軍団の前を季長一行が通過する。季長の馬の尻の下、馬糞が落ちた。菊池武房の周囲のみ、松の緑が補筆されている。ほかの松原の松は赤茶けたまま。画面は右にも左にも続く

（4）閏七月五日

生の松原行軍と推定される石築地上の菊池軍団

生の松原と推定される石築地の上に菊池一族が並んで座り、その前を季長が進む光景もまた、本巻後半のクライマックスである。読者は巻き進む方向、つまり右から左に見ていくことになる。石築地上の菊池一族を見れば、前向きに描かれた侍は、全員が弦走革《つるはしりがわ》で大鎧である。最初の五人で一団をなす。うちただ一人、烏帽子のみで兜を着用していない人物がいる。その横に彼の兜（赤糸威）を持つ人物がいる。さらに旗指がいる。一〇〇騎以上からなる菊池勢もだいたいこの五人が基本単位であった。旗指は旗手として旗を持ち続けることが任

務であったから、弓は持たず、箙もなく、武器は刀だけである。旗指の旗章は鷹の羽である。「一つ鷹の羽」紋で、惣領が並び鷹の羽だから一枚少ないし、全体に惣領の旗章より小さく描かれている。

つづく一団は七人。主は烏帽子姿で兜を脱ぎ、右と同様に、左隣の従者に兜を持たせ、左端に旗持ちを従えている。白地のみで旗章は描かれていない。裾濃《すそご》威《おどし》の鎧の主がいて、「太郎十六」とある。その横に「か□志」と注記が読める。読みづらいが、「か」の下は「ほ」と読めなくはない。菊池一族なのだから「あかほし」(赤星)か。十六歳は数え年齢なので、満年齢なら十五歳となる。年齢不相応に立派なひげがあるけれど、絵師が年齢を失念していたように推測する。

つづく集団は八人。全員大鎧姿で、緑の松を背景に朱字で「次郎武房三十七」と注記される。彼こそが百余騎を率いる菊池武房その人で、兜を従者が持ち、その横に弓矢を持たない旗指がいる点は他と共通する。旗章は鷹の羽ではあるが、庶子のものと異なって並び鷹の羽、つまり二枚である。切斑の数は庶子に同じく四つで、大きな鷹の羽だった。武房の鎧は逆沢《さかおも》瀉《だか》（逆三角）である。文永の役では紫の逆沢瀉鎧着用であった。ここは紫ではなく赤糸で、色は異なっているが、逆沢瀉鎧を継承する。もし補色であるなら、本来は紫だったように思う。彼の尻鞘はさきに述べたごとく、虎の尾でできており、格別に鮮やかで目立つ。

武房の横には、黒字で「三郎有高　年三十」と注記された人物がいる。武房の弟、系図にもみえる有隆《ありたか》のようだ。二人が他の武者よりも大きく描かれているのは主要人物だからであって、軍扇を持つ人物はこの二人と、さきにみた太郎のみである。いずれもお歯黒のように見える。

菊池勢と対面する季長一行は六騎で、文永の役より一人増え、メンバーも替わった。先頭をいく手の者は大熊手《おおくまで》（鍵竿《かぎさお》）を持っている。紐もあり、船を引き寄せる際に手が離れないように手首に結んでいるようだ。海上戦を想定しているから、馬はまもなくどこかに繋ぎ留めておくのであろう。文永の時に行動をともにした三井資長の姿はない。季長手の者の名前は詳しくはわからないものの、彼の兵船に乗った人については記録があり、この後の海上の船の場面に、「飛田二郎秀忠、小野大進頼承、焼米五郎、宮原三郎」がいた。うち小野頼承は「越前殿《えちぜんどの》」、すなわちのちに「越前前司」とよばれる安達盛宗の「被官の格」と見なされて、恩賞にあずかれなかった（二一一頁）。

季長は後述のように文永の役では恩賞を得ることはできなかったけれど、安達泰盛の配下となったから、そのことにより、安達氏被官が季長手の者として配置されていた。小野頼承の場合には、そのことが明記されている。弘安の役での季長の部下、手の者には、事実上は安達泰盛およびその子盛宗の家人複数が、遣わされていたのである。

石築地前で竹崎季長六騎のうち兜を被り、大袖《おおそで》のある大鎧を着用する人物（連銭葦毛《れんぜんあしげ》馬に騎乗。繋がるような白斑のある灰色の馬）は季長と同格だが、他の三騎および旗指の軍装はそれより劣り、袖もなく、杏葉《ぎょうよう》（肩の防具）を着用する。騎馬武者は馬を操る必要上、沓を履くのがふつうに思われるけれど、季長の旗指は素足のように見える。先頭で熊手、長刀をもつ二人の徒士は、足なか草履であって、季長軍団は貧弱な武装であった。

文永合戦では三井資長の郎従だったと推定される藤源太資光は、六月八日の志賀島合戦に季長郎従として参加しているが、痛手を被っている。もう一人志賀島に行った親類・野中太郎ながすえも痛手とあるが、閏七月五日の海戦に「野中殿」としてみえているから、ここに明らかに登場していた。野中「ながすえ」は長季か。ならば季長と文字が共通する。親類と明記されているし、親近性が強かった。女系の親類かもしれない。「せめて野中殿ばかりは」とあるから、格別の存在だったようだ。一行中、大袖の鎧は季長ともう一名、さきの連銭葦毛馬に乗る武者のみで、ほかは杏葉であったから、連銭葦毛馬の武者が野中五郎に該当しよう。資光がこの場にいたのなら、杏葉だった。

いっぽうの石築地上にいる菊池一族を見れば、全員が大鎧で前面に弦走革が描かれている。杏葉着用などみすぼらしい侍は一人もいない。菊池一族と竹崎六騎には歴然たる格差があった。

ところで季長の馬の尻の下に、茶色い塊がある。絵なのか汚れなのか。絵のようだし、馬糞のようでもある。ほかの馬にはない。リアルではあるけれど、コミカルでもある。いたずら心であろうか。季長絵詞には漫画的なところが随所にある。

閏七月五日・博多湾海戦

つづいて海戦になる。いくつも場面があるが、最後に首尾よく季長が敵船に乗った場面をみてみよう。

大きな敵船の右側に、すでに船上に上り終えている大鎧武者が三人いて、「大矢野兄弟三人」と注記されている。また、後ろ向きで乗船中のもう一人がいる。じっさいは四人いて、端船《はしぶね》にて船を大熊手で寄せ付けている人物もいる。この敵船に接近できた船に乗るまで、季長は船を転々として行ったから、さきほどの生の松原で大熊手を持って先頭を行った人物とは当然ながら別人である。その後ろに水手がいて、あまりの激しい戦闘に手をかざす。びっくり仰天しているのだろう。この四人組が、船底にいる蒙古兵が差し出す矛と戦っている。「大矢野兄弟三人」とあるが、詞書には全く登場しない。季長が最後に乗った船は、詞書によれば「たかまさ」の船だった。大矢野なる注記は、後世の加筆とされている。

さて敵船の左端に、敵の首をとろうとして懸命の竹崎季長がいた。彼の右手の短刀によって首を切られる断末魔の蒙古兵がいる。その左側（絵では右側）に、切っ先が血に染まっている大刀がある。直前の時間帯で、季長が持っていたこの血刀に切られて、既にもう一人の蒙古（元軍）兵は絶命している。勝負はついて、一見すると季長圧勝なのだが、彼の右腕には矢が的中し、季長も血を流している。矢は矢羽の作用で旋回しながら飛んでくるから、肉はえぐれて重傷である。彼の向かって左側を落下する物体がある。板状の四隅から赤い紐が四本下がっている。彼が兜の代用にした脛当てである（このことは桜井清香が早くに指摘している。一九五七年）。

詞書にも「脛当てを外して結びあはせて兜にせしとき」とあって、彼は置き去りにした家

図27　閏７月５日、博多湾海上合戦

図28　首を取る季長。図27の中央右を拡大したもの。しかし季長には敵の矢が中り、その反動で兜代わりの脛当てが落下。４本の赤い紐もみえる

来への伝言のつもりで、兜を他の船に置いてきた。それで頭を守る防具がなくなったから、脛当てを外して頭に付けていた。かなり滑稽《こっけい》な姿だし、外れやすかった。敵の矢が右手に中った衝撃で、その代用脛当てが落ちた。矢が中って、流血は止まらないし、敵の矢はドンドン飛んでくる。矢は頭上を越えて船体の後方、「大矢野」グループがいる辺りまで届く。季長は敵方の射程範囲に取り込まれており、危険だった。

読者は絵詞を巻き進める。季長に矢を射当てた蒙古兵は左側の船に乗っている。左の紙幅には大型船が三隻重なりあっていて、手前の一隻Aには五人の射撃手がいる。そのうち赤い服の男のみが射終えたばかりで、まだ弓は反転してはいない。この男の矢が季長の腕に的中したようだ。ほかは矢を番えて満々と引き絞っている。引き続き四人が季長を狙っていた。とくに船尾にいる緑色の服の男は、季長に最も近い距離にいた。

また、奥の船Bには二人の射手がおり、緑色の服の兵は射終わって、弓が反転している。鉾《ほこ》を持つ兵もいて、接近戦になればすぐにも飛び移らんとする気配であった。

さらに奥の船の左側にも一隻Cがあって、二人の射手がいるが、なぜか番えられた矢の先は季長を狙っているわけではなく、射手から見て左側の敵を目標にしている。

季長は絶体絶命だった。船相互の間はあっても、その距離は一〇メートルはなかったようだ。現在の弓道競技で近的は三〇メートル、遠的で六〇メートル先に的がある。この距離な

図29　蒙古側は激しい攻撃を続けるが、突如船内で異変が起きた

図30　図29の左上を拡大したもの。鼻をつまみ、目もあけられず、口で呼吸

らば、外す方が不思議だった。

ところが季長は助かった。その理由も場面に描かれている。まず兵船Bだが、頭の月代《さかやき》の部分に矢が中った兵がいる。矢は季長のいる方向から射られたものではない。次に兵船Cを見ると、攻撃一色ではない。明らかに異変が起きていて、本来、蒙古兵は敵（季長たち）がいる方（右手）を見なければならないのに、逆の左を見る兵が二人いる。一人は口に手を当てている。もう一人の旗を持っている兵の前には、異変を示す兵が複数いる。一人は手を左上に挙げて、目を閉じている。二人おいてその左にはやはり目をつむり、右手で鼻をつまむ男がいる。左手には鞘から抜き放った大刀を持っているから、この直前までは戦闘意欲満々だったはずだ。その横にも男がいて、やはり同様に目を閉じているし、左手を上げている。三人とも口は大きくあけている。「たまらん、臭い臭い！　目も痛い、息苦しい」、そういっているようだ。

さらに船尾にいる二人のうち左の銅鑼《どら》や太鼓を打つ男に、右側の兵が左手を指さしながら、何かを叫んでいる。「あっちをみろ」といっているようだ。

以上から、船には異変が起きて、三人ないし四人（顔が後ろ向きだが、同様だったと想定される一人を含んだ場合）が目を開けられない状態であり、かつ鼻もつまんで口呼吸の状態だった。おそらく強烈な異臭がし、目に刺激があったことを示している。船内になんらかの異物が投擲されたようだ。

その経緯や子細を記した詞書は残されていないものの、投擲されたのは異物が入った、壺か瓶のようなものではなかったかと考える。シュリンゲ（投げ縄）で遠心力を利用して日本側が投擲したのであろう。目も開けられない状態になるのであれば、中身は目の粘膜を強く刺激する物である。激しい異臭がした。この時代であれば、筆者には糞尿だったとしか考えられない。刺激臭ならばアンモニアであるが、ふつうの糞尿ではなく、煮立てたものと考える。ただでさえ臭い糞尿を煮立てると、さらに強烈な臭いになるそうである。あるいは何かの毒物も混入されていたのだろうか。

蒙古軍はこの日本軍の奇襲に相当に動揺したようである。この動揺がA船・B船にも伝わって、戦闘意欲を喪失し、季長は絶対の危機を逃れ得たと推測する。

糞尿であれば、損害はまだ続く。海水で洗い流すことはできない。なぜなら船には食料が積まれている。米や麦に糞尿をかけるわけにはいかないからだ。火薬も積まれていただろうから、そこに塩水をかけることもできないし、バラストに達すれば、悪臭は拡散されるだけだった。戦闘意欲は著しく衰えた。日本軍にしてみれば、わけもなく攻め込んできた蒙古兵こそ、憎しみ極まる対象であったから、どんな手段も作戦も実施した（ちなみに近代でも、筑後川上流下筌《しもうけ》ダム建設反対闘争、あるいは成田三里塚闘争において糞尿が撒かれている）。

図31　首実検。安達盛宗に敵の首２つをみせる季長

かくして二つもの首を取る大手柄をあげたものの、至近距離にいた敵船から多数の兵に狙撃されて、自分も危うく命を落とすところだった季長は、生死の境から生還できた。嵐が去って五日目の死闘であった。

（5）　閏七月六日

首実検

ストーリーからすれば、末尾に置かれたと思われる画面が首実検である。翌六日、肥後国守護代安達盛宗および書記役（執筆）の前に季長が二つの首を見せて、報告をしている。盛宗は籠手を着け、貫沓を履いて、脛当ても着用しているが、鎧そのものは脱いでいる。季長は当初は袴姿で描きはじめられたが、完成した時には大鎧着装だった。鎧の下に当初の直垂や袴の線が見えている。ただし沓は履いておらず、裸足のようである。籠手、手袋は当初からの着装か。

前日の戦いで矢が右腕に中った。回転する矢尻が皮膚に食い込み、肉がえぐれていた。回復までにはどれほどかかるのか。しばし休養を取る必要があった。

かくして季長の戦い、つまり『蒙古襲来絵詞』はこの日で終わるが、江南軍との合戦はさらに七日に行われた（一〇〇頁）。

第三節　鎌倉・安達泰盛邸でのできごとの意味

文永の役後、恩賞を得られなかった竹崎季長は、一族が反対するなかを鎌倉に行く。『蒙古襲来絵詞』前巻後半は季長の鎌倉行を詳しく描いている。季長は鎌倉で安達泰盛と面会することに成功した。通説によれば面会が功を奏して、竹崎季長は海東郷地頭職を得ることができた、ということになっている。みなが信じるこの通説にも、筆者は大きな疑問を抱いている。多くの不満武士がいたのに、竹崎季長一人がそんなにもラッキーだったのだろうか。蒙古合戦そのものは描かれない場面であるが、『蒙古襲来絵詞』理解にとってはとても重要であるから、以下に問題点を述べ、答えも示しておきたい。

(1) 奥書の史料価値の低さ

奥書の紙は本紙とは異なる

これまでの研究は二枚の奥書から大きな影響を受けていた。

奥書Aには、「泰盛の御事」と書き出して、勧賞《けんじょう》にあずかる人は百二十余人いたが、直に御下文《おんくだしぶみ》をもらい、馬までもらったのは、季長ただ一人である、と書かれていた。

奥書Bには、関東に行ったときに甲佐《こうさ》大明神の夢想の告げがあったと書かれる。甲佐社の境内の様子、とくに桜の御威《みい》のことなどが記されたうえで、建治元年(一二七五)十一月一日に御下文を賜り、明くる年の正月四日に竹崎に着いた。そして六日に海東に入部した、と記されている。

これまでの研究は、この奥書の記述を前提として絵詞本体を読み込んでおり、建治元年に季長は鎌倉幕府から海東郷地頭職を与える旨の将軍家政所《まんどころ》下文を得た、としてきたのである。だが、これらのことは絵詞本文には全く書かれていなかった。

奥書には不自然な点が多い。そもそも、一つあれば十分な奥書が複数あること自体、異例である。

結論からいえば、奥書Aも奥書Bも、竹崎季長が作成した絵詞とは無関係で、ともに近世になって貼り足されたもの、いうならば偽文書である。宮次男《みやつぎお》・太田彩《おおたあや》の両氏が指摘しているように、紙の大きさが本物の絵詞に比べてひとまわり小さく、紙質も悪く、筆跡も異なっている。宮氏は風化の度合いも問題視している。巻物の一番奥にあれば、風化・傷みは最も少ないはずだ。ところがこの奥書は本紙よりもひどく傷んでいる。当初から巻末にあったとは考えられない、と指摘する。長年絵巻を研究してきた人は、直感であやしいと感じたのだ。

ふつう絵詞を作成する前には、おおむね同じ大きさの紙を揃える。『蒙古襲来絵詞』の場合、紙のサイズは絵・詞書ともに三九・五センチが大半で、短いものでも三八センチはある。ところが奥書はAが三五・五センチ、Bが三六・七センチしかなく、Aで四センチ、Bで二・八センチほども短い。奥書以外に、前巻末尾に混入された写し一枚があり（前四十三紙）、文言が本文の一節にまったく同じで重複している（αとする）。これも三五・九センチで短い。詞書の紙質は本紙が素紙、奥書二点および混入写しαが素薄紙で、後者の紙質が悪い。

奥書Aの筆者は寛政頃の人

詞書の筆者（右筆《ゆうひつ》）は、本紙全体を通じて三名いると思われる。前巻にて文永合戦と鎌倉滞在を担当したものが一名（筆跡ア）、次は鎌倉行担当が一名（イ）、後巻が一名（ウ）である。（ア）では人名は平仮名で、「するなが」、「するゑ奈が」、（イ）では「季成」のように漢字を使い、(ウ)でも「季長」と漢字で書く。(ア)は一行が下に行くにつれ左側に寄っていく傾向が一部に見られ、(イ)は逆に右側に寄っていく。(ア)(イ)は力強さがあり、(ウ)は線が細い。本紙にはこのようなちがいのある三人の筆がある。そして、奥書および写しαは、(ア)(イ)(ウ)の筆跡とは一致しない。奥書には本紙との一体性がないといえる。奥書のみ紙の長さと質が異なり、筆跡も本書に一致しないことは、同時の作成ではないことを強く示唆する。

奥書Aの筆跡は、じつは本紙よりも短い料紙を使っていた写し(重複分α)の筆跡と同じである(エ)。太田彩氏がこの両者、奥書A・αの筆跡と埼玉県立博物館本『蒙古襲来絵詞』写本(βとする)の筆跡との親近性・一体性を指摘している(太田『日本の美術』)。埼玉県立博物館本の写真は太田・森内優子両氏によって一部が紹介されている。埼玉県立博物館本にはこの奥書Aとα(詞書七重複分)の筆跡に一致する詞書βがある。詞書八重複分だから、αに連続する。A・αの字体と埼玉県博本一部の筆跡βは、共通する文字の比較によって、同筆とされている。

『絵詞』の各写本のうち、尾張徳川《おわりとくがわ》家が作成した建中寺《けんちゅうじ》本(建中寺蔵、現在徳川美術館寄託)および白川《しらかわ》本(楽翁《らくおう》本、現在宮崎県立図書館所蔵)は、寛政七年(一七九五)頃に作成された。建中寺本や白川本、また永青文庫白描本の配列は現状とは全く異なっており、当時は一枚一枚がバラバラであったことがわかる。その後、寛政九年に肥後熊本藩が巻子本とした（旧軸に経緯が書かれている）。ただし寛政期に現在の形になったわけではないようで、寛政修理に間近い時期に作られた複数の写本・模本には、絵二・詞書二の二ヶ所が含まれていなかった。この当初修理に含まれていなかった欠落分を模写する写本（青柳本彩色短巻本・福岡市立博物館所蔵）があって、そこでの説明には「この二ヶ所は大矢野家口伝において、子孫もみてはならぬとされてきた掛け棟物に密封されていたため、発見が遅れた」と記述されていた。発見は天保元年（一八三〇）よりも前、文政十一年（一八二八）頃で、現形の巻子本になったのも、それ以降となる。

各写本を比較できるテキストは熊本県立美術館「蒙古襲来絵詞展」図録である。各写本のほとんどに奥書A、Bが含まれている。白川楽翁本や永青文庫白描本にもあるから、寛政九年以前に奥書A、Bは確実に存在している。ただし建中寺本には奥書A、Bがない。

これらから、奥書A、Bの書家（筆記者）は寛政九年以前から活動していて、奥書Aの方の筆記者はのちに埼玉県立博物館本一部の制作に従事したことがわかる。奥書Aの上限はその人物の活動期間までであり、寛政前後の筆跡となる。埼玉県博本は熊本藩にいた人物が作成したとわかる。

また、奥書Bと一致する筆跡は絵詞のどこにもなく、奥書A・（エ）とも字体が異なっている。そのことはAと共通する文字（明、神、永仁元年二月九日）の相互比較で確認でき、整わない字体である。その上限はわからないが、絵詞本文との一体性はなく、先に紹介したように、本文とは無関係のこと、一致しないことが書かれている。美術史分野では絵詞とは別文書としており、その見解に賛同する。

なお重複文書αまでを筆写した写本は白川本である。

未来年号

奥書AにもBにも、この永仁元年二月九日という日付がある。正応六年が永仁に改元されるのは八月五日であったから、永仁元年（一二九三年に相当）二月は、いまだ正応六年とあるのが正しい。改元前に使用された新年号を「未来年号」という。存在し得ない年月日、未来年号が使用されているから、この点でも、のちになって作成されたものとなる。後世になって誰かがこの年号を使って、奥書を古く見せようとしたらしい。さらに奥書A・Bのいずれかが、すでに書かれていたもう一方の日付を踏襲した。この永仁年号が未来年号であることは、早く大正六年（一九一七）に美術史家の藤懸静也《ふじかけしずや》が指摘している。注意深い研究者ならば、たやすく気づくことだ。中世の相論《そうろん》（訴訟）において未来年号使用文書は、記される年号よりは後になって作られていることが明らかだから、偽文書であると主張されることが多かった。事実、未来年号使用文書はほとんどが偽文書である（服部「未来年号考」。墓碑など追悼行為では改元後の年号で遡って書くことはある）。

原本は旧御物本のみ、二種はない

旧御物本の重複する文言αの右袖には、松の枝が描かれている。原本の詞書には絵を描いたものは一枚もないから、これも原本とαらとの異質性を示すものだ。ただし写しの方に絵を描く例はあまりない。研究者の一部には、このαおよび同筆である埼玉県立博物館本には古色があって、原本と見なしうると主張する人もいて、絵詞には甲本（旧御物本＝大矢野本）と乙本（α系列）の原本二種があると主張する。季長が原本を二通作成したという説である。埼玉県立博物館本には写しもあるが、原本も含まれているという解釈らしい。くりかえしになるが、この乙本なる筆跡が「永仁元年二月」という未来年号が書かれた奥書Aとも同じ筆跡だ、ということを忘れてはならない。乙本（α系列）は後世のものなのだ。

竹崎季長置文と乙本との乖離

竹崎季長は絵詞以外にも古文書を残している。塔福寺文書のうちに、かれ自身の置文（遺言書）が残されている。正和三年（一三一四）正月になって、以前に書いた「正応六年正月廿三日」置文を加筆して書き改めているのだが、その際も、正応六年（一二九三）はそのまで、永仁に書き改めることはしなかった。よって「永仁元年二月」は季長本人の感覚とは無縁である。

さらに一点指摘したい。右、塔福寺文書の竹崎季長置文には海頭御社、海頭百姓という表記がなされている。カイトウのトウは頭である。海東郷という字は全く使われない。奥書Bでは、夢想のお告げによって関東に行った、関東と海東は同じ字である、甲佐社の東の桜には御威がある、などと、妙なまでに東の文字にこだわっている。けれどもこの意識もまた、海頭郷としか表記しなかった竹崎季長本人にはなかったものだ。甲佐社・東にこだわる奥書Bの意識は季長のものではない。第三者、後世人の仮託が明らかである。

調べれば調べるほど、奥書A、Bともに、竹崎季長からは遠ざかる。「永仁元年」という危険な年号が書かれている以上、同時代ではない。一部研究者が原本・乙本であると見なしている一連の詞書は、季長の制作に関わるものではない。筆跡・紙質・料紙の大きさのちがい、書かれた内容のずれ、季長置文との違和感、いずれをとっても原本絵詞からは大きな距離、異質感があって、竹崎季長が関知した同時代の作品ではない。

二つの奥書のうちAは寛政以前の作成、Bについてはいつ作成されたのかは判断できないけれど、竹崎季長とは無関係であることを確認し、切り離すことさえできれば、当面『蒙古襲来絵詞』の正しい理解に十分である。

（2）安達泰盛の立場と権限

太宰府経由の審査

これまでの通説は、『絵詞』とは無関係の奥書に依拠して本文を解釈してきた。その結果、本末転倒となって、虚像が作られることになった。順次具体的に指摘しよう。

季長が安達泰盛に直接会って陳情した結果、海東郷地頭職を与える旨の将軍家政所下文を得た、というのは本当だろうか。

安達泰盛は恩賞奉行（頭人《とうにん》）ではあったけれど、彼の一存で季長に海東郷地頭職を与えることはできない。恩賞奉行は幕府の機関なのだから、組織内での協議・手続きを踏まなければ地頭職補任《ぶにん》の下文は発給できない。とりわけ文永の役は外国との戦争で、通常のように敵方・敗者の土地を取りあげて、勲功者に恩賞を与えることができなかった。ほとんど余裕がないなかで、調査を重ねたうえでの恩賞配分となっており、ハードルはきわめて高かった。

まず大宰府が調査し、その結果を鎌倉（幕府）に報告する。次にそれをもとに、恩賞として与えることが可能な幕府所領が、どこにどれほどあるのかを鎌倉にて確認したうえで、恩賞配分を決定している。土地がわずかしかないなかだったから、恩賞配分の基準も厳しく、

「分取・討死」が条件だった。敵の首を取ることができたか、御家人自身が討死したか、そのいずれかに限定されていた。

竹崎季長は、申請段階の大宰府報告の内容を知り得たようで、自分が恩賞給付対象から外れたと知って、鎌倉を目指すことになった。よって彼が肥後を出発した六月三日以前には、大宰府（鎮西奉行所）の責任者たる少弐経資から、鎌倉への進達（上申）がなされている。以後、少なくとも五ヶ月をかけて審査が行われていた。

十月二十九日に恩賞を与える将軍家政所下文が発給され、上申と同じルートを逆にたどって、大宰府に送られた。伝達はこの大宰府ルートに限定される。このときに発給された実物の古文書も一点、松浦山代《まつらやましろ》家文書に残されているが、建治元年（一二七五）十月二十九日の日付で将軍家政所下文が出され、父親の山代弥三郎階が討死したことにより、子息の山代亀丸が肥前国恵利《えり》の地頭に補任された、とある。

それ以前の十月二十一日にも異国降伏の報賞として、伊勢大神宮・宇佐《うさ》八幡宮など、社寺へ恩賞としての寄進がなされていた。幕府から祈禱の依頼をし、功があった寺社には最優先で所領を与えたようだ。恩賞問題の目途がついた段階、すべてが決着して一段落してから、十一月一日に竹崎季長本人に再会したこともわかる。

現地責任者である少弐景資こそは、季長を一番に引付に記したというけれど、最高責任者の兄・少弐経資は、季長の評価に消極的であった。「先の一段は仔細を申し上げ候て、仰せに従って申べく候」とあり、報告はしてみてもよいが、すべては幕府の意向に従う、と遠回しに否定的な意見をいっている。幕府が定める基準(分取・討死)に該当しなかったのだから、経資の判断は当然であって、妥当なものだった。季長もその基準に達していないことは自覚していて、安達泰盛からの質問に対し、季長も「討死に分捕は候はず」——それはありません、と回答している。

こうした鎮西奉行所(少弐経資)の意向・判断、および鎌倉幕府の最終的機関決定を無視して、基準に達していないことが明らかな季長に恩賞を給付することが、どうして可能なのだろうか。

下文発給は不可能

季長は、正規の手続きで恩賞を得た百二十余人とは異なる扱いである。安達泰盛ができることは自分の権限の範囲内でのこととなる。泰盛から「直に進ずる」形になったのは、通常の恩賞の形ではない。その措置は大宰府を経由する正式ルートからは逸脱しており、幕府の恩賞授与形態からは外れていた。

幕府から発給される文書(下文あるいは御教書《みぎょうしょ》)の発給が無理であることは、安達泰盛自身が以下のように発言している。

「〔少弐景資宛の〕御けう《（御教書）》そのことは、ひかけ《（引っ懸け）》候ぬほと《（程）》に、御申候ともなるまじき事に候」

「仰せはさる事にて候とも、御沙汰《ごさた》の方、ひかけ候はでは、御申候ともなるまじき事に候」

＊御教書は「引っ懸け」（先例）もないのなら、どんなに陳情してもダメですぞ。

＊おっしゃることはもっとものようだが、あなたの場合は「引っ懸け」もない、ダメだ、無理だ。

と、泰盛より再三説得されている。「ひかけ」はくりかえし登場するキーワードだが、引っ懸けまたは引掛として他の古文書にも見える。意味は「先例」とされている（『日本国語大辞典』）。

泰盛との会話で季長は、「本朝の合戦にても候はば、ひかけ受け給はで申し上ぐべく候か、異国合戦につき候て、ひかけ候べしとも覚えず候」（国内合戦ならばひっかけなしに申請はできないが、異国合戦なのだから、ひっかけが不可欠だとまではいえまい）といっている。具体的にどのような要件であったのかはわかりづらいが、季長の主張だけではとうてい不十分だと、泰盛が説得していることがわかる。

少弐景資に宛てる御教書の発給さえ困難なのに、ましてや関東御下文が発給されるはずはない。

（3）泰盛から季長が得たもの

秋田城介家政所下文

通説に従えば、御下文（海東郷地頭職）をもらったことが、鎌倉上訴の最高のハイライトになるはずだが、むろん絵詞本文にはそのような御下文の引用もないし、内容の説明すらない。海東郷なる言葉そのものもない。海東郷を得たことは、たしかに正応六年（永仁元年）の塔福寺文書にみえて史実にまちがいないけれど、弘安以降の話である。弘安の役の終結までを描く絵詞の範囲でいえば、海東郷の言葉は本文には出てこない。この奥書Bにて初めて登場する。絵詞本体には海東郷とはひと言も登場しないのだ。もし建治の段階で海東郷を得たのなら、なぜ詞書に、あるいは絵の方に、そう書かなかったのだろうか。

では季長は泰盛邸（私邸）にて、何を得て喜び勇んで帰国したのだろう。絵詞におけるクライマックスは、馬とその具足をもらう場面である。季長は安達泰盛から馬を与えられた。この馬は『絵詞』に明記があるように、厩《うまや》別当《のべっとう》左枝《さえだ》五郎から与えられているが、左枝は鎌倉幕府の厩別当ではなく、安達泰盛家の厩別当である。幕府の厩別当は、梶原景時《かじわらかげとき》の例が知られており、幕府の要人が就任するけれど、左枝（佐枝）は史料にほとんど登場もなく、幕府要人とはいえない。

図32 鎌倉でのハイライトは、安達泰盛から馬と具足をもらったことだった。下文をもらう絵はない

『絵詞』で季長は勧賞がほしいと盛んにいっている。勧賞とは功績に対する褒賞の意味で、地頭職のような権益を指すこともあるが、品物等をいうこともある。

『絵詞』中に、泰盛家司である玉村《たまむら》右馬太郎泰清の言葉として「上より御合戦の忠賞に、御領拝領の御下文まいらすべき仰せにて候」とあるから、これまでは「上」は幕府のことだとして理解してきたけれど、家司の発言なのだから、玉村の主人である泰盛を意味していると考えられる。では「御領拝領の御下文」とは何であろうか。御下文は、幕府が発給する「将軍家政所下文」ではなく、泰盛が自身の権限範囲で、私的に出すことができる下文となる。すなわち「秋《あき》田《た》城介《じょうのすけ》（安達泰盛）家政所下文」であろう。泰盛は肥後国にある彼の所領のなかのいずれかの地頭代、ないしはそれに類する職に竹崎季長を補任したと考える。

文永九年以降、十一年までの間に、安達泰盛は肥後国守護に補任されたことがわかっている。守護として肥後は新天地であったから、その地で信頼できる人材を探していた。肥後の人材には深い関心があったから、眼前にいる、この果敢な若者を配下にしてみよう、と考えたのではないか。

長門守護代三井季成は季長の烏帽子親であったが、その季成の主である長門守護二階堂行忠は鎌倉幕府最高幹部の評定衆メンバーであり、泰盛とは同僚で、懇意だった。しかも行忠女子が泰盛の異母弟・安達長景《ながかげ》の妻だった。つまり泰盛にとって二階堂行忠は義理の叔父である。そこからの依頼にも十分に応えることができる。

菊池武房は金沢顕時の被官だった（『斉民要術』紙背文書）。

自分（泰盛）の娘婿の金沢（北条）顕時と菊池は縁が深い。この男は菊池川河口が根拠だといっている。日宋貿易にも貢献してくれるだろう。肥後で仕事をしてもらおう。

長門守護二階堂氏、また長門守護代三井氏は泰盛グループだから、季長も泰盛派の一員となることを希望していた。雲の上の人、安達泰盛が季長に馬と具足を与えた。黒栗毛の馬には小巴《こともえ》（小さな巴紋）の鞍を置き、連着の鞦《しりがい》に「しんせい轡」（轡の名か。この絵詞にしか用例がない）が装着されていた。『絵詞』でのハイライトとして馬および具足が渡されるシーンが描かれた。

越前殿被官

弘安の役で季長兵船に乗った小野頼承はたびたびの合戦に忠を致したが、「越前殿被官の格により勧賞に漏れる」とあった。さきに述べたように、弘安八年の史料に「越前前司盛宗」とあり、この「越前殿」は安達盛宗（泰盛の子）である。安達盛宗の被官の格と見なされて恩賞にあずかることができなかった。もう一人、季長兵船に乗った飛田秀忠は親類若党五人で戦い、賊船に乗り移り、分取をした。最高の功績なのに、勧賞に漏れている。理由は書かれていないが不審である。季長兵船に乗った人々には安達家より派遣された家人（安達家御内人）が多く、彼らは独立した御家人として戦ったとは認定されず、陪臣《ばいしん》（家臣の家臣）とされたようだ。弘安の役にて、功績により海東郷を得ることができた季長は、かろうじて独立した御家人として認められていたことになる。鎌倉の泰盛邸には被官であっても御家人格の武士が出入りしていた（肥前国の御家人中野藤次郎はその一人）。

弘安恩賞地・海東郷

以上のように建治の段階では、季長はいまだ海東郷を得てはいなかったと考える。塔福寺文書中の季長置文によって、弘安の役の後、正応六年以前に季長が海東郷を得たことは確実である。文永合戦では、怪我はしたが、分捕はなかった。弘安合戦で季長は分捕（首級）二、親類二人痛手、乗馬射殺二頭であって、この勲功があれば明瞭な基準に達していた。文永の際には所領が得られなかったが、弘安で海東郷を得たと考える方が、文永に海東郷を得て、弘安には所領を得なかった、と考えるよりは合理的である。本書は、海東郷地頭職を得ることができたのは、文永、建治よりも後、弘安の役後のことと考える。皮肉なことに弘安八年の霜月騒動で安達泰盛らは滅亡し、鎌倉幕府はやっと恩賞対象地を確保できたのだった。竹崎季長は肥後にいたためか、連動して泰盛派の少弐景資が滅亡した岩戸合戦に加わることもなかった。外国戦争は得るところがない。ナンバー2の安達家とその与同者が滅びて、幕府は多くの所領を確保できたから、恩賞を与えることが可能になったといえる。

文永の役ではかろうじて幕府手持ちの土地を見繕ったが、ごく一部であったから不満は多かった。奮戦して大怪我までしたのに、まったくのただ働きになった。弘安の役でも与え得る土地はなかった。それで幕府内のナンバー2の同僚（安達派）を倒して、その土地を恩賞地として参戦者に与えなければならなかったのだ。

この後も幕府権力者の失脚がつづく。鎌倉幕府滅亡まで、わずか四〇年。

第六章　その後の日元関係

貿易の盛行

建治元年（一二七五）、幕府は元の使者杜世忠らを鎌倉竜ノ口《たつのくち》で殺した。弘安二年（一二七九）には、范文虎の使者周福《しゅうふく》らを博多で殺した（『関東評定伝』）。幕府の方針を受けて少弐氏が判断したものだが、外交の使者を処刑してはならない。国際ルール違反、暴挙であった。しかしそんなことはなかったかのように貿易は継続されている。日本も蒙古（元）もともに交易を望んでいた。貿易は互いの国にないものを補いあう。貿易に向けて長期にわたって準備してきた品々を、ほかに振り替えることは容易ではなかった。戦争により貿易が継続されなくなってしまうと、多くの支障が出る。宋が存在していたときは当然だが、元に代わっても、ただちに日元貿易が始まっている。貿易は途絶えることがなかった。

交戦状態であったはずなのに、クビライも幕府もむしろ交易に積極的であった。不思議なほどに商船の行き来があって、平和時と何ら変わりがなかった。至元十四年（一二七七）、南宋の臨安《りんあん》を占領した後に、クビライは慶元（寧波）、澉浦《かんぽ》、上海《シャンハイ》、泉州《せんしゅう》に市舶司《しはくし》を設置し、対外交易を管理した。その年に日本からの貿易船の上陸を許可した。

『元史』同年に「日本より商人を遣わし金を持して来れり、銅銭と易えんと、これを許す」とあって、文永の役の三年後、弘安の役の四年前に日本から商人がきて、交易を許されていることがわかる。

『元文類』巻四十一にも、「世祖クビライはわざわざ詔諭し、商人を苦しめずに柔遠の道を尽くせといった」とある。至元十五年（一二七八）には日本国人市船（日本商船）に貿易を許可した（『元史』世祖本紀）。弘安の役直前の一二七九年（弘安二年）には、日本商船四隻が二〇〇〇人を乗せて慶元入港の許可を得ている（『元史』哈刺角㝵伝）。

このように貿易そのものはきわめて盛んに行われていた。中国・日本の国家間の公認貿易（冊封《さくほう》、朝貢貿易）こそは行われなかったけれど、幕府そのものたる執権北条氏一族が出資する貿易や、朝廷中枢にある太政大臣による交易が行われていて、それをずっと請け負ってきた貿易商人には、戦争は無関係であった。

たとえば永仁六年（一二九八）には、金塊砂金・水銀ほかを積んだ鎌倉幕府船が難破した

（青方《あおかた》文書）。葛西《かさい》殿、大方《おおかた》殿という執権北条氏の妻・母と想定される女性の名前で派遣された船である。九州でも渡唐点定銭《ととうてんじょうせん》がかけられている。つまり元に向かう貿易船に課税して、雷山千如寺《らいざんせんにょじ》の造営をせよと、鎌倉幕府が少弐氏に指令していたのである（正応三年〈一二九〇〉、大悲王院文書）。

普陀僧を使者としたクビライの願い

戦後の一二八三年（至元二十年、弘安六年）、クビライは普陀《ふだ》僧（舟山諸島にある仏教聖地、普陀山の僧）如智を派遣して再度日本を詔諭すべく試み、翌一二八四年にも再び如智と参政王積翁を派遣したが、「舟人」のために積翁は対馬で殺され、如智は帰った（『元史』世祖本紀、南海観音宝陀禅寺住寺如智海印接待庵記、『善隣国宝記』所収）。このクビライ勅諭は日本・朝廷にまで届かなかったが、のちに室町幕府で外交を担当した五山僧がこれを入手し記録された。

このときの「上天眷命皇帝聖旨」（天の命を受けて王となった皇帝が告げる）に始まるクビライの勅諭は如智を遣わす理由として、「生霊を害するのではなく、救うため」「仏教文学の化」があり、「夫和好之外、無余善焉、戦争之外、無余悪焉」としている。「平和・対話による解決が至上最善で、戦争は愚かしく最悪だ」という意味である。二度も外征に失敗したクビライ・元帝国にとって、この言葉は真実であろう。くりかえし外交を求め、使者を派遣し続けたと考える。

直接の軍事物資としての硫黄以外にも、富をもたらす金・水銀・真珠・米、そして良質な木材を生産する国ジーベン（ジパング）を、友好国にしたいと考えた。和平を拒否する鎌倉幕府は、戦費冗費を強いられ、苦境にあった。

室町幕府に替わってからも、石築地の維持ほか、日本の臨戦態勢は続く。それは元に代わって朱元璋《しゅげんしょう》の明《みん》が中国大陸を制覇する一三六八年まで継続された。明に対しては征西府《せいせいふ》（南朝・懐良《かねよし》親王）や室町幕府が冊封を求めた。遣明船派遣で平和を担保できたが、その実、九州探題は遣明船を送るようになってからも依然警戒は解かなかったらしく、応永《おうえい》十一年（一四〇四）にも、石築地料所としての筑前国山門庄《やまとのしょう》が確認できる。

鎌倉幕府と元の滅亡

元を退けはしたものの、鎌倉幕府は四〇年で崩壊する。三〇〇年後にも、豊臣秀吉は文《ぶん》禄《ろく》・慶長《けいちょう》の役後に、戦った大名・諸将に、なんらの恩賞を与えることができなかった。一七年後にその豊臣政権も滅びるが、きわめてよく似ている。

日本を攻めた元はベトナム攻略にも失敗した。一三〇七年にクビライの孫のテムルが死去すると分裂がみられ、以後一三年間に七人の皇帝が交替し、政権末期の様相を呈した。一三五一年には元滅亡の要因となる紅巾党《こうきんとう》が蜂起《ほうき》している。中国全土を掌握し、世界帝国にも迫ろうとしていた強大なる王朝としては短命で、宋王朝のわずか三分の一の期間にすぎなかった。蒙古襲来は日本の政権にとっても中国の政権にとっても、ともに滅亡への導火線となった。

台風がこなければ日本は蒙古軍の上陸を許したであろう。しかし蒙古軍が日本征服までできたかどうか。東路軍の指揮官であった洪茶丘は高麗人であったが、早くに蒙古に帰属した。高麗人でありながら蒙古の国益を優先し、高麗人民を苦しめた人物とされている。『高麗史』列伝では、洪茶丘の伝記は父・洪福源と一括されて「叛逆　洪福源」の項で記述されている。姦臣《かんしん》と並ぶ逆臣の扱いであった。こうした人物に従わざるを得なかった高麗将兵は、面従腹背であったろう。

また、台風直後に江南軍の将であった范文虎が真っ先に脱出した。『元史』張禧伝によれば、士卒を鷹島に残して帰国した范文虎らはみな罪を得た。死を恐れぬ決意で遠征に臨んでいたわけではなかった。最高司令官とも思われぬ行動で、否定的な評価にならざるを得ない。このようなことがなければ、鷹島部隊もなお有効に反撃できたのではあるまいか。

江南軍の指揮統制には最初から疑問があった。外国遠征軍でありながら、東路・江南両軍ともに著しく統制を欠いていた。クビライの指令は五月はじめ、東路軍・江南軍の同時出発だった。文永の役の経験から、対馬・壱岐の確保は容易であるとわかっていたから、壱岐を集合地点と定めていた。両方面軍は必ず合流しなければならない。先発の東路軍は状況によっては志賀島まで前進基地を延長する。

厳守すべき約束があったにもかかわらず、江南軍は異常なまでに出発が遅れた。志賀島占領まで成功していた東路軍は待つ立場となった。作戦遂行上、単独での博多上陸ではなく、二方面軍の合体による兵力増強後に、より優位で安全で確実な上陸を企図した。博多湾東方、糟屋郡・宗像郡に防塁はなく、攻めやすかっただろうが、攻撃した形跡がない。首を長くして二ヶ月以上も待ち続けたが、江南軍はとうとう到着しなかった。この致命的な遅延は東路軍に対する大きな背信である。結果としてこの遅れが台風シーズン到来に重なった。大軍を派遣する外国侵略軍にしては稚拙に過ぎた。そもそも蒙古軍の構造・行動には根本的な欠陥があったといえる。

こうした実情を知る限り、台風がこなくとも、モンゴルに日本を制圧するだけの戦争継続力はなかったと判断できる。

第七章　遺跡からみた蒙古襲来

蒙古襲来に関わる史跡・遺跡がいくつか残されている。それらについて紹介しよう。

第一節　石築地

箱　崎

平成二十八年（二〇一六）、新キャンパス（元岡《もとおか》・桑原《くわばら》）への移転に伴い解体される九州大学・箱崎構内で発掘調査が行われて、石築地すなわち元寇防塁が中央図書館横の地下から検出された（以下、1地点とする）。1地点では海側が石積みで陸側が土手となる、生の松原に残る防塁同様の片側石塁であったらしい。土地利用の影響を受けて、石の高さは低いようにみえるが、三段であって九〇センチメートルはある。

この周辺では、過去にも二地点で遺構が検出されていた。JR鹿児島本線をはさんで、昭和六年(一九三一)に国指定史跡に指定された防塁がある(2地点)。平成十二年、その西側でJR線路を高架にするに際して発掘が行われている。上が線路で覆われていたから、保存状態はよかったようだが、新たな道路敷になって、史跡には指定されていない(3地点)。1、2、3の三地点は直線に並んでいる。石築地はこの三点を結んだ線の下と、さらにその延長上に存在している。事実、本書を執筆している段階で、さらにつづく旧理学部用地ほかで防塁の延長部分が検出されている。

博多

博多の市街では、平成十四年(二〇〇二)、博多小学校(旧奈良屋《ならや》小学校)構内を発掘中に、石塁が検出されている(博多遺跡一一一次)。海岸に平行しており、蒙古合戦時の石築地と判断されている。この地点が沖の浜である。のちにはその海側(北側)が開発されたようで、博多の市街地に組み込まれたから、陸地化され、井戸等が検出された。遺跡の重要性に鑑みて、校舎の建築を設計変更して石築地が保存された。学校敷地のためなのか、国指定史跡には指定されていない。保存には多大な努力がなされたのだから、文化財指定と両立できるものと考える。

なお永禄《えいろく》六年（一五六三）以前の制作になる聖福寺《しょうふくじ》古図には、海岸べりに石垣が描かれているので、当時は石塁が存在していたと推定されている。都市部の石塁は造築時より低くなっているのだろう。

西新

戦前から整備されていて、博多港から朝鮮半島・大陸に渡る人たちが見学するようになっていた。国威発揚のためである。その延長線上にあった西南学院大学の敷地内にて、校舎建設時に時期差のある複数の防塁が出土した。旧海岸に近い側の地点は石塁で、陸地側は土塁であった。当初は大急ぎで土塁のみを築いたものか。最初から石塁が全線、完成していたわけではなさそうである。

地行

史跡に指定されて保護されているが、現況はほとんど地上の構造物がない。指定時の実測図が文化庁に残されており、それによると石塁ではなく、土塁であった。当時から前面（海側）に道路があったから、道路開設時に一部が切り取られていた可能性はある。周辺には福岡の有力財界人（松永安左ヱ門《まつながやすざえもん》）の住宅があった。戦後の混乱期に史跡としての管理ができず、次第に削平《さくへい》されてしまったのではなかろうか。

川上市太郎《かわかみいちたろう》『元寇史蹟《しせき》』地之巻（昭和十六年）に、地行ノ浜丁《じぎょうのはまちょう》について、高さ地行四番丁四尺五寸（道路の高さから、か）、地行八番丁松永邸八尺二寸同上一尺五寸（地盤からか）とある。史跡に指定された場所は松永邸隣接地であるから、二メートル五〇センチ弱の高さがあった。

生の松原

史跡に指定されている。保存の度合いはよかったが、ヨットハーバー建設などで潮流が変わったため、次第に砂丘が浸食され、海岸が石塁に近づいている。NHK大河ドラマ「北条時宗」を放映したときにロケ地とされて、そのとき、保存されていた石塁の上にさらに高い位置にまで石塁が積み足された。これは正しい遺構整備とはいえない。石塁が防風壁となって砂が急速に溜まるから、管理をやめた段階で、石塁の頭まで、比較的早い時期に砂が被さる。だから本物の石築地は、ほとんど頂部まで埋まっているので、そこにさらに石を足すのはおかしい。

この石塁は、『絵詞』によれば後方が一段低くなっていた。後方にいる侍の足が隠れてい

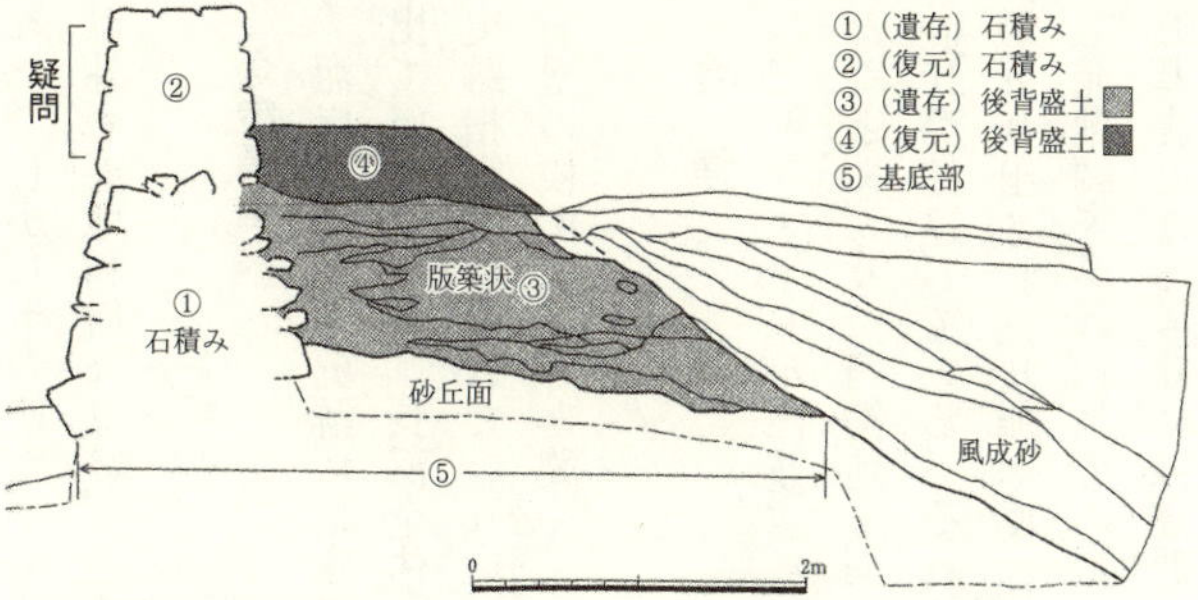

図33　生の松原で遺構の上に積み上げられた石築地（復原石垣）。風成砂の上の水平層、また武者走りの狭さからすれば、本来の石築地は残っていた遺構の高さまであり、上に足してはならなかった

るからだ。発掘の結果でもそうなっていて、石は築地の全部にあるのではなく、前面にのみあって、陸側（南側）は土で、版築状《はんちくじょう》（叩き固めた層状の固い土）になっている。その版築部分が一段低かったことがわかる。版築の上の平面は遺構では幅一・五メートルほどである。侍はこの石塁背後の土手を往復したはずだから、すれ違いなどで必要な幅を考えれば、ここまでで高さは終わっていたと見なすべきだろう。ところが、それより上に新たに石を積んでいるから、すれ違いなどできないほど幅が狭くなっている。

築地廃絶後に形成された風成砂《ふうせいさ》も、この高さまでは斜めで、最上段の堆積土は水平になっている。このことも、本来の高さは遺構までで、それ以上には高くなかったことを示している。

石築地は埋没後も砂丘の最高位にあった。箱崎や博多は後世の開発に支障があって、上部の石が取り除かれた。しかし生の松原や後述する今津はとりわけて開発されてはいない。つまり砂丘・松林以外の土地利用はない。後述の今津に同じく石塁の高さは一・八メートルである。

今宿長垂

海岸の一部が史跡に指定されている。とくだん整備はされず、石塁の頭が砂丘にわずかに出ているだけだ。長浜全体に防塁があったはずだが、古くから人家があったようで、全線の史跡指定はなされていない。開発に伴い発掘調査が行われることもあるようだが、これまで石塁の検出はないと聞く。

今　津

三キロメートルに及ぶ長い距離が史跡に指定されている。砂丘は、防塁（石築地）ができたことにより、石築地上面まで急速に砂堆積が進んだ。全体が高くなり、また前面海側にも砂丘が発達している。それでも周辺の環境も含めて遺跡をめぐる保存状況が最もよい。一部が掘り出された状態で保存修理（崩落防止措置）がなされ、見学ができる。過去にも最近にも発掘調査が行われている。石築地は上部が連続して水平になるように積まれている。しかし基礎となる砂丘には高低差があった。そのため、砂丘が低くなっている場所では石塁は高く積まれ、砂丘地盤が高いところでは低く積まれている。よって石塁の高さは高い部分（地盤が低い部分）では二・八〜二・六メートルほど、低い部分（地盤が高い部分）では一・四〜一・八メートルほどである。毘沙門山《びしゃもんやま》の山つきはそれよりもずっと高く積まれているが、砂丘上ではなく特殊な形態である。

今津湾・博多湾では、河川から搬出された砂は引き潮でいったん湾外に沈むが、再び満ち潮で湾内に運ばれる。そのくりかえしで、少しずつ海岸に砂丘が堆積する。よって湾外に近い部分（西方の今津）が最も砂丘が高く、湾奥（東方の箱崎）に行けば低い。箱崎では石が三段ほど残っていた。これは近代以降の土地利用（削平）の影響を受けているからで、本来はもっと高かったであろう。低いところでは一メートル弱、高いところでは一・八〜三メートル弱が、石築地の高さであった。これだけの高さがあれば、少なくとも重装備の兵士を乗せた馬が一気に飛び越えることはできなかった。蒙古軍最大の武器である馬を防ぐ柵としては、十二分に機能した。

古文書に、石築地と並んで「加佐《かさ》」というものがみえる（乾元二年〈一三〇三〉・「博多前浜石築地加佐并修理」広瀬文書）。防塁には、西新（西南学院大学敷地）のうちの一ヶ所のように土手（土塁）のみのものもあったし、地行の図面でも判明するものは土手のみである。土手が加佐に相当するのだろうか。箱崎・生の松原など裏面・陸側が土手というものもある。裏加佐（石築地弁裏加佐）あるいは裏芝とあるものがこれに該当しよう。

長大な石塁は、当初は緊急に土手として築かれたものもあったが、比較的早い時期に前面（表）は石塁になっていき、やがて多くが前後（表裏）ともに石塁になった。日本での類例は土塁構造なら大宰府の水城《みずき》、小水城《しょうみずき》があるし、平安末期には阿津賀志山《あつかしやま》防塁（奥州藤原氏・福島県）があった。元寇防塁は馬防柵の機能を短期に実現するため、最低限必要な高さ六尺（一・八メートル）を確保したもので、機能をより確実にするために、まもなく石塁構造に強化したものと推定される。石築地の機能は絶大で、五月以降、閏七月一日まで、博多湾南岸への上陸はほぼ阻止できた。スケールこそ万里の長城に及ばないが、発想は同じである。

第二節　鷹島神崎沖・海底遺跡と沈没船

鷹島沈没船

平成二十七年（二〇一五）の夏、わたしは琉球大学・池田《いけだ》栄史《よしふみ》教授の調査団による、長崎県鷹島神崎沖沈没船の海中発掘の様子を船上から見学することを許された。鷹島沈没二号船の調査である。元の船は海岸からわずか一〇〇メートルほどの所に沈んでいた。こんなに近いのかと思うほど岸が目の前にあった。ここなら船が危うい状態になる前に、小艇で上陸できたのではないか。真夏だったから薄着で、とくに水夫は裸だろう。危険を察知し、嵐が激しくなる前に、逃げていれば泳ぎつくことも可能ではないか。

神崎海岸海底で平成十三年（二〇〇一）から翌十四年に出土した一八八〇点の遺物の中に、獣骨四〇点、魚骨一点、そして人骨（一部）一一点があったと報告されている。獣骨は積まれていた馬なのか、食材なのか、不明である。草そして水が必要な馬は下船していたであろう。骨は完体ではなく一部分だから、人骨も一一人というわけではないが、武器の出土地点に近い場所での検出が多いそうである。頭部人骨が二点あり、外板やマストステップから一〇メートル以内の距離で見つかった。船が分解したときに運命をともにした蒙古兵であろうか。海中にあった人骨がどの程度保存されるのか、よくわからない。関係者の話では、九月の海水温は高く、二、三日で腐敗ガスが発生し、遺体は必ず浮くそうである。皮マントだったから、鉄の鎧ではない。どういう理由で沈んだのだろうか。

帯金具（ベルト金具）の出土も多い。皮マントを着ていて沈んだのか、船中に置いてあったものが、そのまま沈んだのか。嵐の中で兵士が置かれた状況が直接にはわからなかった（以上は『鷹島海底遺跡Ⅶ』『鷹島海底遺跡Ⅷ』出土遺物一覧、『鷹島海底遺跡総集編』。なお遺物の中には現代のものとされたものがあるし、たこ壺もあるから、人骨がすべて蒙古襲来時のものであるのかどうか、検討も必要である）。

船上からだから、沈没船そのものを見ることはできなかったが、作成途中の実測図を見せてもらった。驚いたのはバラスト用（船のバランスをとるために載せる重し）の石の多さである。こんなに石を載せたら、沈むとは思わなかったのだろうか。じっさいに船は沈んでしまったのである。バラストの石があれば、排水作業にも支障を来す。木造船である以上、漏水はどの船でも必然で、ために水密隔壁構造にした。いくつもの部屋を設けて、漏水があっても沈まないようにしたのだろう。

マルコ・ポーロの『東方見聞録』の記述にあったように、この船にも隔室壁が残されていた。浸水時には一つの隔室内で水を受け、それを桶《おけ》でかき出したと考える。この船については未確認だが、隔室壁に小さな穴があるものもあり、栓で塞《ふさ》いだのかと思われる。最も低い位置にある隔室には石を置かないようにすれば、排水は可能になる。別地点である神崎港改修時の調査で出土した桅座（マストステップ、帆柱台）には、水抜きのための溝が作られていた。水は船底を流れるようになっていたと考えられる。浸水量よりかき出す量が多ければ沈まないはずだった。二号船は、現況では前方に偏ってバラストが多いように見えるが、漏水がバラストのある前方に偏ってしまわないような工夫があっただろう。

海中での発掘は表面に留まり、船底にまでは及んでいないから、バラストの詳細な配置まではわかっていない。一号船では二号船ほどにバラストは多くはないけれど、代わりに磚《せん》がたくさん積まれていた。磚は竈の可能性もあるが、量が多く、やはり船体安定用であろう（『水中考古学手法による元寇沈船の調査と研究』〈二〇一六年〉）。

ところで、発掘された沈没船から、保存処理の素材とするために一部の材が引き上げられてきた。そこには大量の釘の痕跡があった。どこの部材なのか。側板の一部なのだろうが、異様なまでに釘が打たれ、釘そのものも残っていた。

この木材には漆喰（石灰）も付着していた。これら漆喰・釘は先に見た『東方見聞録』の記述通りである。明末の産業技術書『天工開物』にも、中国の木造船は「桐油《とうゆ》や魚油に石灰をまぜ、厚手の絹や上等の羅にこの油をつけ、これを杵《きね》でこつこつたたいて隙間《すきま》を塞ぐのである」と書かれている。桐油はアブラギリの油で、熱すると膠状に変質する（川添洋「漆喰と三和土」『石灰石』三九一）。

漆喰は日本でも、屋根瓦《がわら》あるいは上水道施設に使われている。漏水防止に適していて、水を吸収し、かつ乾燥させる。熊本県宇土《うと》市轟泉《ごうせん》水道で使われる「がんぜき」は水中で固まる。ただし固形化された石灰に柔軟性はないだろう。

鷹島海底遺物からは、漆喰の塊が検出されている。船内にて使用する予定のものだったらしく、航海中に漆喰によって漏水防止を図ったと思われる。けれども新造船、あるいは十全に修理された船ならばともかく、長期航海してきた老朽船の場合、剛構造で可逆性がない。

長い航海で劣化、剝落しやすかったのではないか。

一号船にも二号船にも、竜骨（キール）があった。竜骨に側板をとりつけていく構造船で、外洋航海が可能だった。

中国船での設計思想は、漆喰（石灰）によって完全に防水できるとしていたようだ。剛構造の漆喰による防水処置が、長年の使用で限界域に達していたのなら、嵐によって機能を失いやすかっただろう。バラストの過積載もあって、浸水しやすく、排水も困難になっていたから、沈没の原因ともなった。

対する日本船は準構造船といって、刳《く》り抜き船、つまり丸木舟を船底にして側板（外板）を繋ぎ合わせた船だった。竜骨がない分、操作性に劣ったが、もともと船底が重いため、比較的安定性があったらしい。側板からの漏水はまき肌（綿状になった杉皮の繊維）の打ち込みによって防止していた。航海中でも漏水箇所にまき肌を打ち込んで、漏水を防ぐことができる。臨機応変の対応ができる柔構造であった。もちろん大型台風だったから、日本船もかなりの隻数が航行不能となって、船不足の状態になっている。

なお鷹島神崎沖とは別地点の、鷹島南岸床浪《とこなみ》沖海底でも調査が行われている。床浪からは「湖州真石家念二叔照子」と書かれた宋代の鏡が工事中に発見されており、江南軍兵士の所持品かと推測された。なお女性の人骨や馬の骨も出土しているが、縄文時代の遺物や寛永八年（一六三二）在銘の硯《すずり》も出土している。蒙古沈没船からの遺物を含む可能性はあるかもしれないが、すべてが蒙古襲来に結びつくわけでもない。鷹島南岸沖からの出土であるからといって、弘安四年閏八月一日の一日限りの遺物であるはずはなく、海流の影響で、長い時代の遺物が埋没している地点もある。

学術調査以外に、鷹島では資料館に寄託された壺など二〇点弱の資料がある。殿《との》の浦《うら》から神崎にかけての、水深一〇〜二〇メートルの地点でなまこ漁の網などにかかったものという。壺には泉州湾沈没船あるいは金壇周瑀（一二六一年に死亡）墓複製品に酷似するものが含まれる、とされている。

沈没船や遺品のある地域は、調査された二地点以外にもはるかに広範囲に及ぶようだ。

ベトナム・白藤江遺跡

ベトナムは宋の時代にも侵略されたが、抗戦に成功している。元になってからも三度のベトナム侵攻が試みられた。ベトナム侵攻は日本侵攻と共通する点が多い。第一回の命令が下った一二五七年には、まだ南宋帝国があった。文永の役が日本を従えることによる南宋孤立化策だったことと同じく、ベトナムを従えることによる南宋包囲作戦である。軍は一二五八年に動いた。昇竜都城（タンロン、現在のハノイ）は陥落したが、蒙古はそこを維持できず、一月で敗走した。

第二回の侵攻は南宋が滅びた後の一二八五年である。日本ではすでに四年前に弘安の役は終わっていた。クビライはまずチャンパ（ベトナム中部）を占拠し、ついで大越（南部ベトナム）への侵攻を試みた。首都昇竜はふたたび陥落したが、抵抗が激しく、けっきょく撤退した。補給がうまくいかなかったようである。

第三回はひきつづき一二八七年十二月末からである。このときも昇竜都城は占拠されたが、ベトナム側は反撃し勝利する。この時の二つの戦いが記録されている。蒙古の糧船船団を襲い、船・食料・武器を奪った雲屯（ヴァンドン）の戦い、そして撤退しようとする蒙古船団を、干満差の大きな白藤江《バックダン》の浅瀬に追い込み壊滅させた、一二八八年四月の戦いである。あらかじめ杭を打ち込んでおいて、誘い込んだ（『大越史記全書』）。

一九五〇年から六〇年代にクアンニン省クアンイェンで行われた白藤江工事において、無数の木の杭がみつかった。蒙古戦争の遺構とされ、炭素14測定法による年代測定によって、ほぼその時期に近いものと報告されている。

このように日本には石築地（元寇防塁）と鷹島海底が、ベトナムには白藤江の杭列が、クビライ戦争への抵抗遺跡として残されている。三別抄の遺跡も珍島（龍蔵城跡）、済州島（缸波頭城跡）に残る。世界的な顕彰が可能かもしれない。

終章　ふたたび神風と近代へ

日本船への被害

台風は吹いた。蒙古船はたしかに沈んだ。だが日本船も沈んだ。日本は少なくなった船で戦ったから、竹崎季長は他の武士兵船を移動するという、尋常ならざる行動で、やっと敵に接近し得た。兵船は過剰な人員を乗せていたから、季長はたった一人でも乗り込むことを拒否されつづけた。通常ではあり得ない。

日本の国土はひどい被害に遭った。戦いは台風の日には終わらなかった。竹崎季長を始めとする九州武士は、生命を賭して敵と戦い、薄氷の勝利を得た。辛勝だった。彼ら当事者に神風という感覚はなかった。『蒙古襲来絵詞』にも神風なる言葉はひと言も出てこない。

神風の初見

「神風」なる言葉は、古文書では元亨《げんこう》元年（一三二一）七月に薩摩国分寺の関係者が、老朽化した社殿の修理費用を国衙《こくが》に対して要求した際に使った例が初見であろう。なお、そこに添付された建治元年（一二七五）の文書にも「神風荒吹」とあるけれど、この建治史料にはまだ起きていない弘安の役のことが記されており、明らかに後世の偽作文書である。

神のおかげで勝ったという意識は、貴族や神官・僧侶に強くあった。同時代の史料でも、『勘仲記』に「逆風事は、神明の御加被か」「今度のこと神鑒柄焉の至り也」とあった。元亨二年（一三二二）虎関師錬《こかんしれん》が著した『元亨釈書』に「神霊勠力《りくりき》風波破蕩」、あるいは『保暦間記《ほうりゃくかんき》』（一三六〇年代成立）に「本朝ノ諸神顕《あらわれ》テ御合戦」などとみえる。時間が経って、「神のおかげで勝った、それは嵐だ、神風だ」となっていくのは、ある意味で自然のなりゆきだったのかもしれない。しかし、ほとんどの同時代日本人はそうは考えなかった。日本の民衆に大きな被害をもたらした大型台風を、後世人が神風としたのである。神風史観とはそうしたもので、武士を始め、当時の日本人の当事者意識に「神風」はなかった。

神風特攻隊の実像

冒頭で、非科学的な神風思想が日本不敗神話を形成し、敗戦が決定的になってもなお戦争をやめることができず、犠牲者・損失が飛躍的に増え続ける大きな要因になったことを述べた。

本書を終えるにあたり、再度、近代に立ち戻りたい。蒙古戦争では戦争に関する史料の信《しん》憑性《ぴょうせい》、文字として書かれていることがどこまで信頼できるのか、はなはだ疑わしいこと、正史に始まって戦争に関する史料は、虚飾に満ち満ちていることを確認した。近代戦争に関しても全く同じことが指摘できる。本書の最後に確認しておきたいことは、神風《しんぷう》特別攻撃隊の実像、そして美化の問題である。自殺攻撃をする神風特攻隊こそが、神風思想がもたらした悲劇の最たる象徴のように思われてならない。この解明もまた戦争に関する虚像を暴く作業となろう。

鹿児島県南九州市・知覧《ちらん》の特攻平和会館を訪れた人は一様にその雰囲気に息をのむだろう。一人一人の遺影を見て、遺書を一通一通読めば、感極まる。祖国の勝利を願って命を捧げた若者たち。

しかし、やっと二十歳になったか、ならなかったかの若者ばかりである。わたしが大学教師として接してきた、いつもわたしの前にいた、未来を夢みる、多数の輝ける若者と同じ年齢なのである。そのような過酷な運命を、どうして受容できたのだろうか。戦争中なのだから勝利に貢献しなければならないという意識の高揚は、当然ながら強くあった。いずれは死ぬと思い込んでもいた。どうせなら家族を守るために死のう。得心し、確信して出撃した学徒兵も、むろんいたのであろうけれど、全員が心から満足していたとは思われない。

そのうちの一人、出撃した島澄夫《しますみお》少尉には遺書があって、「日本男児の本懐」「神州は不滅なり」と、記されている。悲壮なスローガンのように思うけれど、三村文男《みむらふみお》『神なき神風』は、その島澄夫少尉出撃の様子を次のように紹介する。

「四月五日島少尉の発進直前に私〔辻井弘〕は翼の上へ上り、「島、死なずに帰ってこいよ」と呼びかけたところ、「いやもうあかん」と操縦桿《そうじゅうかん》を握ったまま首をうなだれ、ハラハラと落涙した姿が、四十数年たった今でも私のまぶたに焼きついているのです」

勇ましい遺書はすべてを語ってはいない。真実を語ってもいないとわたしは考える。

出撃しても、機体の不調で戻る特攻兵士はいた。不時着も多かった。鹿児島県三島《みしま》村の硫《い》黄島《おうじま》で聞き取り調査をしたことがある。知覧から出撃すれば、数分後には到達する最初の島だ。多くの特攻機が不時着したという。長い浜が絶好の滑走路になった。不時着特攻隊員はたちまち村人から隔離された。九州本土と硫黄島を往復する船も途絶えていたから、ずいぶん長く滞在していたらしい。失敗して浜の先の岸壁に衝突し、自爆炎上する飛行機もあった。

不時着しても、出撃した段階ですでに死者と認定された兵士には、戻るところがなかった。彼らは福岡市にあった陸軍施設、振武寮《しんぶりょう》に収容される。事実上の隔離である。そこでの生活を体験した出撃兵は、特攻の虚像をことごとく否定する。

「特攻を美化して礼賛して、喜び勇んで出撃した、志願したということにしている。ほんとうは命令ですけど、だけど志願ということにして、官僚は自分の責任を転嫁しているんです」（大貫健一郎・渡辺考『特攻隊振武寮』）

沖縄戦では、出撃しながら帰還した特攻隊員が少なからずいた。参謀はいう。

「天候が悪かったとか、機体の故障とか理由をつけて引き返したり、近くの海岸に不時着するとか、それが故意なのか、本当の故障かは判断がつきにくい」

そこで、航空本部に衛生技師として勤務する心理学者・望月衛《もちづきまもる》（のちに東洋大学・千葉大学教授）に調査をさせている。その結果、最初から特攻隊員になることを、三分の一は希望していないと報告している。また、確固たる覚悟を有するものであっても、期間が長期に及び、思わぬ蹉跌《さてつ》・つまずきがあれば、著しく志気を喪失していく、と結論している。林えいだい『陸軍特攻・振武寮』は、「航空本部の調査であるから、多くの隊員が本心を述べなかっただろう、じっさいには三分一よりも多い」とする。

志願といっても、いつか死ぬ作戦に従事してもよいか、という問いかけなら、みなが前に歩を出した。戦争中は誰しも死線に立っていたのだから。明日ただちの死を志願することとはちがっているわけで、巧妙だったろう。栗原俊雄『特攻――戦争と日本人』が取材した元帰還特攻兵は、自分では志願した記憶はない、と語っている。

著者は旧制福岡高等学校出身者の特攻死を調べたことがある。帝国大学進学後に特攻兵士となった。特攻で死んだ学生は全員が文系学生だった。そもそも学徒出陣で理系学生は除外されていたからだ。国家の意思によって学問分野のちがいによる生と死の選別がなされた。軍は戦況のことしか考えない。戦争に役立つ海軍兵学校、陸軍士官学校卒の職業軍人は温存し、弾としての用兵に過ぎなかった特攻要員には、戦争遂行に役立たない文系大学生、あるいは熟練パイロットとはいえない少年飛行兵を充てた。未来を考えず、純粋な青年の熱意を悪用した。

最後の瞬間になって、喜び勇んで出撃する隊員ははたしてどれほどいたのか。大半は悩み、迷いつつ、後押しもされて、最後はヒロポンを服用して滑走・離陸した。

機体にわずかなトラブルを自覚すれば、最初に見つけた島の浜辺に不時着を試みたとしても、何ら不思議ではない。完全で良好な飛行条件が望めなければ、無駄死になのだから、我に返ってそうしたのではないか。

『不時着』の著者、日高恒太朗《ひだかこうたろう》は三度も不時着した特攻隊員にインタビューしているが、彼が故意の不時着だったと語ることは決してなかった。何らかのトラブルがあったことはその通りなのであろう。

特攻平和会館に展示される特攻隊の遺書は、出撃前、本心を覆い隠す中で書かれている。神風特攻作戦は許されざる劣悪な作戦であり、謝罪もせずに美化することなど許してはなるまい。

ところで、帰還した特攻隊員を隔離した振武寮にて、九州帝国大学助教授が「元寇の国難」という精神訓話を行った、とある。当時九大国史学講座に助教授はいないから、別分野の人物が話したものだろう。何とも場ちがいである。助教授は必ず神風が吹くと力説したのだろうか。死に損なったと考える帰還兵には空虚で、おそらく身を入れて聴くものはいなかった。

わたしたちは戦争犠牲者を追悼する。それは特攻死者に対しても、南方の島々で、あるいはシベリアで餓死した兵に対しても同じだし、空襲・原爆で亡くなった非戦闘員に対しても同じ気持ちである。戦死者・戦争犠牲者への慰霊は、美化することではない。特攻の美化は、実態とは異なる「志願」を無批判に賞賛するものだ。戦争は非人道的なものだが、とりわけ巧妙な仕組みに、理不尽な死を強いられていった若者たちの御魂に対し、歴史学の立場からほんとうのことを明らかにし、そして永遠の不戦を約束することが自身に課せられた慰霊と考える。

あとがき

わたしは戦後生まれで、六十代も終盤にさしかかった。歴史学研究を志してから半世紀が経過した。この間、荘園や地名、交通、差別など地道な研究を継続してきたつもりだが、最近は学界の定説を疑問視すること、通説を実証的に否定していくことが自分の使命ではないか、と思うようになった。研究史の継承とはいうけれど、まわりには無批判で無責任な孫引きがとても多かった。これが学問なのか。どう考えても不自然なことが拡散され続け、教科書にも平然と書かれている。

わたしたち戦後世代は団塊の世代とか、ビートルズ世代とか、全共闘世代とかいわれてきた。全共闘世代といっても、当時の大学進学者は一〇パーセント台だったろうし、反社会的で未熟な戦術をくりかえす全共闘を支持する人は、学生のなかで一割もいただろうか。一〇分の一か二の存在が、世代を代表するはずはないが、激しい時代だったが故に、そう呼ばれたのだろう。

全共闘は「ラディカルな問いかけ」ということをよくいった。根源的な疑問、問いかけが必要だという意味だと理解している。命題・批判・止揚がくりかえされなければ、社会も学問も進歩はない。科学全体が進展しているのに、検証なき通説・不動の定説など、あるはずはなかろう。だが通説＝多数派を批判すれば、たちまち一人となる。

「連帯を求めて孤立を恐れず」

正しければ、必ず多くの読者が味方になってくれる。

わたしの恩師は故・石井進先生である。蒙古襲来や、絵詞の研究論文・著書がいくつもある大先達でもあった。「先生、いま蒙古襲来を勉強しています」。そう報告したら「へぇ、こわいなぁ」といわれた。

わたしは二〇〇三年に「文永十一年・冬の嵐」（『歴史を読み解く』所収）を最初の蒙古襲来研究として発表した。先生の急逝後、二年が経過していた。文永の役の考察で、従来の研究が情報伝達の時間を忘却して立論していることがわかった。本来ならば続けて弘安の役まで研究しなければならなかったのに、一〇年ほど止まってしまった。日本、中国そして高麗（朝鮮・韓国）側の文献研究にまで、まったく知らない分野に手を伸ばさなければならない。これまでも長い研究史があって、多数の研究者が言及している。いまさら研究してみても新しいことはみつけられないだろう。当時の気持ちはそのようなものだった。つくづくマインドコントロールされていたと自覚する。挑戦する意欲が欠けていて、孫引き学問を見抜けなかった。
あらためて不断に問いかけよう。なおも不十分な点はあろうが、わたしは渾身《こんしん》の力を注いでこの本を書いたつもりである。

最後になったが、本書の前提に『蒙古襲来』（山川出版社、二〇一四年）、「竹崎季長が絵解きする「蒙古襲来絵詞」」（『歴史を歩く　時代を歩く』〈九州大学服部英雄研究室、二〇一五年〉所収）がある。本書はこれらをふまえているが、新機軸として絵詞の記述に従って、二つの合戦を順に時間を追って説明した。『蒙古襲来』は大部の作品であったから、本書では筋書きを重視した。新書として、平易な記述を意識はしたが、うまくいっただろうか。執筆時、気づかなかったことがいくつもあった。絵詞の読みでは、敵兵の目に的中した矢が季長の矢であることは、『蒙古襲来』の校正終了直後に気づいたため、旧著にほとんど反映できなかった。弘安暴風後に肥前鷹島から生の松原にやってきた使者の言葉と、その後の作戦展開については、具体的な説明を欠いたため、定説擁護者が古典的解釈に依拠することを許していた。これも本書ではていねいに説明できた。大般若経奥書にみる在日蒙古被虜人の富裕化や、竹崎季長の出自を肥後国ではなく長門国竹崎とした点は、本書が初めての言及になる。したがって一部では前著と異なる見解も生じている。本書の新視点は当然旧著『蒙古襲来』の問題意識の延長上に位置するけれど、新規の論点に関しては本書を著者の見解とさせていただきたい。

丁酉八朔
清流水前寺川を窓外に
くまもと文学・歴史館　館長室にて

服部英雄

主要参考文献

相田二郎『蒙古襲来の研究　増補版』（吉川弘文館、一九八二年）
池内宏『元寇の新研究』1・2（東洋文庫、一九三一年）
石井進『鎌倉びとの声を聞く』（日本放送出版協会、二〇〇〇年）
石井進「九州諸国における北条氏所領の研究」（『石井進著作集』四、岩波書店、二〇〇四年所収）
大倉隆二『「蒙古襲来絵詞」を読む』（海鳥社、二〇〇七年）
太田彩『絵巻＝蒙古襲来絵詞』（『日本の美術』四一四、至文堂、二〇〇〇年）
大山誠一「「竹崎季長置文」について」（石井進編『中世をひろげる』吉川弘文館、一九九一年所収）
工藤敬一『荘園公領制の成立と内乱』（思文閣出版、一九九二年）
熊本県立美術館編『蒙古襲来絵詞展』（熊本県立美術館、二〇〇一年）
桜井清香『元寇と季長絵詞』（徳川美術館、一九五七年）
史蹟現地講演会編『元寇史蹟の新研究』（丸善、一九一五年）
中島楽章「元朝の日本遠征艦隊と旧南宋水軍」（中島楽章、伊藤幸司編『寧波と博多』汲古書院、二〇一三年所収）
旗田巍『元寇』（中公新書、中央公論社、一九六五年）
橋本雄「蒙古襲来絵詞を読みとく——二つの奥書の検討を中心に」（電子版、二〇一七年）
http://www.aisf.or.jp/sgra/wp-content/uploads/2017/03/[J]Kokushi2_Fullpaper_HashimotoYu（橋本雄）ed2.pdf

服部英雄「未来年号考」（『古文書研究』二〇、一九八三年掲載）
服部英雄「文永十一年・冬の嵐」（『歴史を読み解く』青史出版、二〇〇三年所収）
服部英雄「『蒙古襲来（竹崎季長）絵詞』の再検討――海東郷地頭職を得たのはいつか」（『日本歴史』六九八、二〇〇六年掲載）
服部英雄『蒙古襲来』（山川出版社、二〇一四年）
服部英雄「竹崎季長が絵解きする『蒙古襲来絵詞』」（『歴史を歩く　時代を歩く』九州大学服部英雄研究室、二〇一五年所収）
藤懸静也「御物蒙古襲来絵詞に就きて」（『国華』三三巻三、一九一七年掲載）
堀本一繁「『蒙古襲来絵詞』の現状成立過程について」（『福岡市博物館研究紀要』八、一九九八年掲載）
宮次男「蒙古襲來繪詞について」（『新修日本絵巻物全集　一〇　平治物語絵巻・蒙古襲来絵詞』角川書店、一九七五年所収）
森内優子「当館蔵『蒙古襲来絵詞』について（一）」（『埼玉県立博物館紀要』二一、一九九六年掲載）
森内優子「埼玉県立博物館本『蒙古襲来絵詞』について（二）」（『埼玉県立歴史資料館研究紀要』二三、二〇〇一年掲載）

服部英雄（はっとり・ひでお）

1949年（昭和24年），名古屋市に生まれる．東京大学文学部国史学科卒業．同大学大学院人文科学研究科修士課程修了．博士（文学）．東京大学文学部助手，文化庁文化財保護部記念物課調査官，九州大学大学院比較社会文化研究院教授などを歴任．現在，くまもと文学・歴史館館長．九州大学名誉教授．『景観にさぐる中世』（新人物往来社）で角川源義賞，『河原ノ者・非人・秀吉』（山川出版社）で毎日出版文化賞を受賞．他にも『蒙古襲来』（山川出版社）など著書多数．

蒙古《もうこ》襲来《しゅうらい》と神風《かみかぜ》
中公新書 *2461*

2017年11月25日初版
2019年3月5日4版

著者 服部英雄
発行者 松田陽三

本文印刷 三晃印刷
カバー印刷 大熊整美堂
製本 小泉製本

発行所 中央公論新社
〒100-8152
東京都千代田区大手町 1-7-1
電話 販売 03-5299-1730
編集 03-5299-1830
URL http://www.chuko.co.jp/

Published by CHUOKORON-SHINSHA, INC.
Printed in Japan ISBN978-4-12-102461-9 C1221

中公新書刊行のことば

いまからちょうど五世紀まえ、グーテンベルクが近代印刷術を発明したとき、書物の大量生産は潜在的可能性を獲得し、いまからちょうど一世紀まえ、世界のおもな文明国で義務教育制度が採用されたとき、書物の大量需要の潜在性が形成された。この二つの潜在性がはげしく現実化したのが現代である。

いまや、書物によって視野を拡大し、変りゆく世界に豊かに対応しようとする強い要求を私たちは抑えることができない。この要求にこたえる義務を、今日の書物は背負っている。だが、その義務は、たんに専門的知識の通俗化をはかることによって果たされるものでもなく、通俗的好奇心にうったえて、いたずらに発行部数の巨大さを誇ることによって果たされるものでもない。現代を真摯に生きようとする読者に、真に知るに価いする知識だけを選びだして提供すること、これが中公新書の最大の目標である。

私たちは、知識として錯覚しているものによってしばしば動かされ、裏切られる。私たちは、作為によってあたえられた知識のうえに生きることがあまりに多く、ゆるぎない事実を通して思索することがあまりにすくない。中公新書が、その一貫した特色として自らに課すものは、この事実のみの持つ無条件の説得力を発揮させることである。現代にあらたな意味を投げかけるべく待機している過去の歴史的事実もまた、中公新書によって数多く発掘されるであろう。

中公新書は、現代を自らの眼で見つめようとする、逞しい知的な読者の活力となることを欲している。

一九六二年一一月

中公新書

日本史

d1

- 2189 歴史の愉しみ方　磯田道史
- 2455 日本史の内幕　磯田道史
- 2295 天災から日本史を読みなおす　磯田道史
- 2389 通貨の日本史　高木久史
- 2321 道路の日本史　武部健一
- 2494 温泉の日本史　石川理夫
- 2299 日本史の森をゆく　東京大学史料編纂所編
- 2500 日本史の論点　中公新書編集部編
- 1617 歴代天皇総覧　笠原英彦
- 2302 日本人にとって聖なるものとは何か　上野　誠
- 1928 物語 京都の歴史　脇田　修・脇田晴子
- 2345 京都の神社と祭り　本多健一
- 482 倭　国　岡田英弘
- 147 騎馬民族国家（改版）　江上波夫
- 2164 魏志倭人伝の謎を解く　渡邉義浩
- 1085 古代朝鮮と倭族　鳥越憲三郎
- 2470 倭の五王　河内春人
- 2462 大嘗祭―天皇制と日本文化の源流　工藤　隆
- 1878 古事記の起源　工藤　隆
- 2157 古事記誕生　工藤　隆
- 2095 『古事記』神話の謎を解く　西條　勉
- 804 蝦夷《えみし》　高橋　崇
- 1041 蝦夷《えみし》の末裔　高橋　崇
- 1622 奥州藤原氏　高橋　崇
- 1293 壬申の乱　遠山美都男
- 1568 天皇誕生　遠山美都男
- 1779 伊勢神宮―東アジアのアマテラス　千田　稔
- 2371 カラー版 古代飛鳥を歩く　千田　稔
- 2168 飛鳥の木簡―古代史の新たな解明　市　大樹
- 2353 蘇我氏―古代豪族の興亡　倉本一宏
- 2464 藤原氏―権力中枢の一族　倉本一宏
- 291 神々の体系　上山春平
- 2362 六国史《りっこくし》―日本書紀に始まる古代の「正史」　遠藤慶太
- 1502 日本書紀の謎を解く　森　博達
- 1802 古代出雲への旅　関　和彦
- 2457 光明皇后　瀧浪貞子
- 1967 正倉院　杉本一樹
- 2054 正倉院文書の世界　丸山裕美子
- 2452 斎宮―伊勢斎王たちの生きた古代史　榎村寛之
- 2441 大伴家持　藤井一二
- 1240 平安朝の女と男　服藤早苗
- 2510 公卿会議―論戦する宮廷貴族たち　美川　圭
- 1867 院　政　美川　圭
- 2281 怨霊とは何か　山田雄司
- 2127 河内源氏　元木泰雄

日本史

d2

608・613 中世の風景（上下） 阿部謹也・網野善彦・石井進・樺山紘一
1503 古文書返却の旅 網野善彦
1392 中世都市鎌倉を歩く 松尾剛次
2336 源頼政と木曽義仲 永井晋
2517 承久の乱 坂井孝一
2461 蒙古襲来と神風 服部英雄
1521 後醍醐天皇 森茂暁
2463 兼好法師 小川剛生
776 室町時代 脇田晴子
2443 観応《かんのう》の擾乱《じょうらん》 亀田俊和
2179 足利義満 小川剛生
978 室町の王権 今谷明
2401 応仁の乱 呉座勇一
2058 日本神判史 清水克行
2139 贈与の歴史学 桜井英治

2343 戦国武将の実力 小和田哲男
2084 戦国武将の手紙を読む 小和田哲男
2350 戦国大名の正体 鍛代敏雄
1625 織田信長合戦全録 谷口克広
1782 信長軍の司令官 谷口克広
1907 信長と消えた家臣たち 谷口克広
1453 信長の親衛隊 谷口克広
2421 織田信長の家臣団―派閥と人間関係 和田裕弘
2503 信長公記―戦国覇者の一級史料 和田裕弘
784 豊臣秀吉 小和田哲男
2146 秀吉と海賊大名 藤田達生
2265 天下統一 藤田達生
2241 黒田官兵衛 諏訪勝則
2372 後藤又兵衛 福田千鶴
2357 古田織部 諏訪勝則
642 関ヶ原合戦 二木謙一
711 大坂の陣 二木謙一

2481 戦国日本と大航海時代 平川新
2526 源頼朝 元木泰雄

中公新書

日本史

2107 近現代日本を史料で読む　御厨 貴編
190 大久保利通　毛利敏彦
2011 皇 族　小田部雄次
1836 華 族　小田部雄次
2379 元老―近代日本の真の指導者たち　伊藤之雄
2492 帝国議会―西洋の衝撃から誕生までの格闘　久保田 哲
840 江藤新平（増訂版）　毛利敏彦
2051 伊藤博文　瀧井一博
2103 谷 干城　小林和幸
2212 近代日本の官僚　清水唯一朗
2294 明治維新と幕臣　門松秀樹
2483 明治の技術官僚　柏原宏紀
561 明治六年政変　毛利敏彦
1927 西南戦争　小川原正道
1584 東北―つくられた異境　河西英通
2320 沖縄の殿様　高橋義夫
252 ある明治人の記録（改版）　石光真人編著
161 秩父事件　井上幸治
2270 日清戦争　大谷 正
1792 日露戦争史　横手慎二
2509 陸奥宗光　佐々木雄一
2141 小村寿太郎　片山慶隆
881 後藤新平　北岡伸一
2393 シベリア出兵　麻田雅文
2269 日本鉄道史 幕末・明治篇　老川慶喜
2358 日本鉄道史 大正・昭和戦前篇　老川慶喜
2312 鉄道技術の日本史　小島英俊

世界史

世界史

e2

- 2050 新・現代歴史学の名著 樺山紘一編著
- 2223 世界史の叡智 本村凌二
- 2267 世界史の叡知 悪役・名脇役篇 本村凌二
- 2253 禁欲のヨーロッパ 佐藤彰一
- 2409 贖罪のヨーロッパ 佐藤彰一
- 2467 剣と清貧のヨーロッパ 佐藤彰一
- 2516 宣教のヨーロッパ 佐藤彰一
- 1045 物語 イタリアの歴史 藤沢道郎
- 1771 物語 イタリアの歴史 II 藤沢道郎
- 1100 皇帝たちの都ローマ 青柳正規
- 2508 貨幣が語る ローマ帝国史 比佐 篤
- 2413 ガリバルディ 藤澤房俊
- 2152 物語 近現代ギリシャの歴史 村田奈々子
- 2440 バルカン―「ヨーロッパの火薬庫」の歴史 M・マゾワー 井上廣美訳
- 1635 物語 スペインの歴史 岩根圀和
- 1750 物語 スペインの歴史 人物篇 岩根圀和
- 1564 物語 カタルーニャの歴史 田澤 耕
- 1963 物語 フランス革命 安達正勝
- 2286 マリー・アントワネット 安達正勝
- 2466 ナポレオン時代 A・ホーン 大久保庸子訳
- 2027 物語 ストラスブールの歴史 内田日出海
- 2318 2319 物語 イギリスの歴史(上下) 君塚直隆
- 2167 イギリス帝国の歴史 秋田 茂
- 1916 ヴィクトリア女王 君塚直隆
- 1215 物語 アイルランドの歴史 波多野裕造
- 1546 物語 スイスの歴史 森田安一
- 1420 物語 ドイツの歴史 阿部謹也
- 2304 ビスマルク 飯田洋介
- 2490 ヴィルヘルム2世 竹中 亨
- 2434 物語 オランダの歴史 桜田美津夫
- 2279 物語 ベルギーの歴史 松尾秀哉
- 1838 物語 チェコの歴史 薩摩秀登
- 2445 物語 ポーランドの歴史 渡辺克義
- 1131 物語 北欧の歴史 武田龍夫
- 2456 物語 フィンランドの歴史 石野裕子
- 1758 物語 バルト三国の歴史 志摩園子
- 1655 物語 ウクライナの歴史 黒川祐次
- 1042 物語 アメリカの歴史 猿谷 要
- 2209 アメリカ黒人の歴史 上杉 忍
- 1437 物語 ラテン・アメリカの歴史 増田義郎
- 1935 物語 メキシコの歴史 大垣貴志郎
- 1547 物語 オーストラリアの歴史 竹田いさみ
- 1644 ハワイの歴史と文化 矢口祐人
- 2442 海賊の世界史 桃井治郎
- 518 刑吏の社会史 阿部謹也
- 2451 トラクターの世界史 藤原辰史
- 2368 第一次世界大戦史 飯倉 章

中公新書

現代史

- 2105 昭和天皇 古川隆久
- 2309 朝鮮王公族—帝国日本の準皇族 新城道彦
- 2482 日本統治下の朝鮮 木村光彦
- 765 日本の参謀本部 大江志乃夫
- 632 海軍と日本 池田清
- 2192 政友会と民政党 井上寿一
- 377 満州事変 臼井勝美
- 1138 キメラ—満洲国の肖像（増補版） 山室信一
- 2348 日本陸軍とモンゴル 楊海英
- 1232 軍国日本の興亡 猪木正道
- 2144 昭和陸軍の軌跡 川田稔
- 76 二・二六事件（増補改版） 高橋正衛
- 2059 外務省革新派 戸部良一
- 1951 広田弘毅 服部龍二
- 1532 新版 日中戦争 臼井勝美

- 795 南京事件（増補版） 秦郁彦
- 84 90 太平洋戦争（上下） 児島襄
- 2465 日本軍兵士—アジア・太平洋戦争の現実 吉田裕
- 2387 戦艦武蔵 一ノ瀬俊也
- 2337 特攻—戦争と日本人 栗原俊雄
- 244 248 東京裁判（上下） 児島襄
- 2015 「大日本帝国」崩壊 加藤聖文
- 2296 日本占領史 1945-1952 福永文夫
- 2175 残留日本兵 林英一
- 2411 シベリア抑留 富田武
- 2471 戦前日本のポピュリズム 筒井清忠
- 2171 治安維持法 中澤俊輔
- 1759 言論統制 佐藤卓己
- 828 清沢《きよさわ》洌《きよし》（増補版） 北岡伸一
- 1711 徳富蘇峰 米原謙
- 1243 石橋湛山 増田弘
- 2515 小泉信三—天皇の師として、自由主義者として 小川原正道

- 2525 硫黄島 石原俊

中公新書

現代史

f2